FALE COMIGO: DOUTOR NAZAR

PROBLEMAS DE FAMÍLIA

Projeto Gráfico
FA - Editoração Eletrônica

Capa
Retina 78

Revisão de texto
Darlene Angelo
Renata Costa

Editor Responsável
José Nazar

Rio de Janeiro, 2011

CIP-BRASIL. CATALOGAÇÃO NA FONTE
SINDICATO NACIONAL DOS EDITORES DE LIVROS, RJ

H231a

Nazar, José
Problemas de família - Rio de Janeiro: Companhia de Freud, 2010.
212 p.

ISBN 978-85-7724-089-0

1. Psicanálise. 2. Família - Problemas. I. Nazar, José. II. Título.

08-3984. CDD: 150.195
CDU: 159.964.2

---

cia de Freud

Endereço para Correspondência
Rua Barão de Sertório, 48 – casa
Tel.: (21) 2293-5863 • (21) 2273-9357
Rio Comprido – Rio de Janeiro
e-mail: ciadefreud@gmail.com
www.ciadefreud.com.br

FALE COMIGO: DOUTOR NAZAR

PROBLEMAS DE FAMILIA

cia. de Freud

Agradecimentos

À minha mulher Teresa, meus filhos
Bruno e Pedro,

Aos meus irmãos Forjala, Aparecido,
e Aparecida e à minha família,
em todas as gerações,

Ao jornal virtual Século Diário
pelo acolhimento,

A José Rabelo e Stenka Calado,
Darlene Angelo, Renata Costa
e Girlene Kiev,

A todas as famílias,
em suas diversidades sintomáticas,

Aos pecados dos pais.

Sumário

8 Sexo fora do casamento
14 Sexo dentro do casamento
28 Por quem nossos filhos se drogam?
40 A falta que faz um pai
50 Como ser um bom pai?
60 Filhos bons e bacanas
66 O amor é capitalista
74 Meu marido parou: eu fui e ele ficou...
82 Marido que traía
90 Quando se deve ou não ter um filho
102 Mamãe agora é gay
110 Ninguém escapa da mordida do lobo
122 Os pecados dos pais
132 A perda de um filho
142 A escolha de um bom marido
150 Namoro bipolar
160 Mamãe é alcoolatra
168 Sexo virtual
174 Sinto-me mais viva na traição
182 As vias do amor
190 Professora perdida na puberdade
196 Vício é doença
204 Sexo e feminilidade

Sexo fora do casamento

“*Estou constrangido em escrever para o doutor, pois o problema envolve sexo fora do casamento. Sou casado há 8 anos e tenho filhos. Não sou feliz no sexo com minha esposa. No início era bom, depois vieram os filhos e nossa vida sexual congelou. Ela é indiferente na vida sexual e não acredito que tenha alguém por fora. Não sei se ela tem prazer sexual comigo. Pelo menos penso assim. Não sei se fora da nossa relação rola alguma coisa. Ela é muito bonita e trabalha num ambiente onde tem muitos homens. Gente de poder, mas não acredito que ela tenha amantes.*

Tenho tido relações sexuais com outras mulheres, inclusive pessoas próximas de nós. Sinto-me culpado e muito mal com isso tudo, como um verdadeiro crápula, mas não tenho controle sobre o que se tornou uma compulsão. Digo que esta foi a maneira que encontrei para levar o casamento adiante. Não quero me separar, amo minha mulher e meus filhos. O que posso fazer para mudar?”

Não tenha tanta certeza quanto à suposta fidelidade da sua esposa. Pode ser que você esteja certo e ela não tenha nada com ninguém além de você. As mulheres são mais sérias, mais seguras de si e éticas. Elas portam o dom do amor e da esperança numa relação estruturada. Elas acreditam na "figura" do amor. Tanto o amor quanto o dinheiro não aceitam desaforos. Eles exigem respeito, respostas justas e coerentes.

As mudanças culturais têm afetado profundamente as relações conjugais. Ter relações sexuais fora do casamento sempre foi propriedade privada do homem, coisa de macho. Mas isso já não existe mais, hoje também as mulheres o fazem, e de maneira mais intensa, inteligente e sofisticada.

As mulheres conhecem bem o que é estar para o outro numa posição de objeto, mas a coisa se inverteu, e elas passaram a administrar o homem como seu objeto. Elas usam e abusam do homem, que se presta a ser usado como verdadeiro objeto de consumo sexual, a serviço de um gozo delas, que se sustenta numa suposta fragilidade. Por isso as mulheres hoje escravizam e manipulam amargamente o homem com uma mestria até então nunca vista.

Portanto, não se coloque nessa posição tão autoconfiante. Dizem que as mulheres têm o dom de uma sedução ativa e que, frente à sua caça, são muito mais bem sucedidas na medida em que sabem usar o homem na posição que lhe convém. Nada mais que isso: "você, meu queridinho, você me serve, você só serve para me fazer gozar". O homem que transa por fora é bicho besta, culpado, vez por outra acaba por se apaixonar.

Você diz que ama sua mulher. Diz também que ama seus filhos. Ou seja, você ama sua família. O que equivale a dizer o seguinte: você quer construir e dar continuidade a um patrimônio de gerações futuras, uma genealogia. Esse elemento pode ajudá-lo a sair dessa teia em que se meteu.

Estou tomando seu gesto como um pedido de ajuda explícito, supondo que haja de sua parte uma abertura para questionamentos verdadeiros. De todo modo, não se trata de uma tarefa fácil, pelo contrário, é algo difícil de ser resolvido. Parece que você atualizou, em suas puladas de cerca, um vício, uma dependência, o que configura um quadro patológico, sintomático. Sexo e amor juntos, num mesmo objeto são antipáticos, não convivem numa simpatia conjugal. É realmente difícil, senão impossível administrar essa união. Sexo e amor, amor e sexo: o que os une, o que os separa?

A vida é feita de surpresas e reviravoltas: uma constante em descontinuidade. Por isso mesmo, se as coisas que você desejava e acreditava não saíram como era esperado, por outro lado, há portas e mais portas que podem ser abertas. Abertas para mudanças, no sentido de se criar novos argumentos. Mas também podemos permanecer no mesmo, sem pagar preço algum no sentido de mudar. São vidas estagnadas, são as meras repetições. Mas como você diz que ama sua esposa, acredito que esteja aberto para começar a desejar um pouco mais sua mulher. Ou de se fazer desejável por ela.

Olhe com uma boa escuta. Você verá que seus filhos já estão apresentando sinais de alguns distúrbios, de alguns sintomas. As crianças sacam, já sabem de tudo e de algo mais. Os filhos habitam as entrelinhas daquilo que é ou não dito entre pai e mãe, eles leem no entredito do vazio entre o homem e a mulher que habita um casal parental. Não importa a idade, eles mesmos se ressentem da falta de gozo sexual no casal, em seu aspecto conjugal. O maior perdedor será o amor em sua vertente mais verdadeira. Portanto, trate de "comer a fêmea" que está aí, do seu lado, sacando o quão idiota você é. Ou, pelo menos, está sendo.

Você está morrendo de medo de se aproximar de sua mulher, de abordá-la, tocá-la, seduzi-la. Você a escolheu como mulher e como mãe de seus filhos. O que a torna tão importante e, portanto, idealizada. Em seu inconsciente, está representando a figura de sua mãe. Portanto, proibida, intocada. Com sua mulher, parece que o sexo sempre esteve atrelado à maternidade. Realmente, quando temos filhos, há um esfriamento sexual. As fantasias que cada um carrega desde a infância, de suas relações com papai e mamãe, emergem com muita força e tomam conta do erotismo pelo viés de inibições. Por isso mesmo é comum que o homem realize uma duplicidade em relação ao seu objeto de eleição: uma mãe puta e uma mãe santa, imaculada. Portanto, sua mulher não deseja e não pode ser desejada, abordada sexualmente.

As mulheres que você busca fora do casamento são, na realidade, um deslocamento, da sua mulher. Na verdade, você está tendo relações sexuais com a sua mulher através dessas outras. Inclusive são mulheres próximas, amigas, não é mesmo? Com isso você suporta melhor a angústia que se apresenta quando tem que se aproximar de sua esposa enquanto mulher. Há a esposa, que necessita fazer-se reconhecer, pelo seu homem, como uma mulher. No seu caso, você vestiu sua mulher de mãe, de esposa proibida como mulher.

Olhe para a mulher que está do seu lado, é essa que você está buscando lá fora. Abra-se mais e tente se aproximar da mulher que você ama. Não tenha medo do imenso valor que ela representa para você, pois ela foi sua escolha amorosa para ter filhos, é a mulher que você admira e ama. Você está se sentindo por baixo, com inveja e ciúmes guardados dentro de si. Respeite os valores que são dela. Procure encontrá-la numa outra posição, pois ela está ressentida com tua fuga, tão covarde quanto infantil. Tente se aproximar, mesmo que seja aos poucos. Insista o máximo que você puder. Se não der, procure algum psicanalista para trabalhar esse ponto sintomático da sua vida e aposte na sua relação conjugal. Deixe de lado suas defesas, dê uma licença, liberte-se desse macho babaca sob o qual está se escondendo. Porque, na realidade, você se esconde de você mesmo. De saída, cabe a seguinte afirmação: uma mulher não está gozando na cama com seu marido. Essa afirmação abre caminho para algumas proposições. Ela já gozou alguma vez? Mesmo se masturbando, ela não goza? Isso teria a ver somente com o marido, pai de seus filhos? Ela sabe que não goza ou, até mesmo, ela sabe o que é o gozo, o orgasmo? Qual a sua participação nesse fato de ela não gozar?

Não seria mais condizente perguntar sobre a sua não participação? Porque pode ser que você mesmo, macho que vai procurar suas caças em outras florestas, pode não estar suportando que sua mulher goze. Ela seria uma puta. Será que você faz a suposição de que a senhora sua mãe nunca teve relações sexuais com o seu pai? Que ela mesma nunca teria gozado? Isso é coisa que deve ser vivida fora do amor, fora de casa. Toda essa "sujeira" ficará numa outra, pois você necessita preservar a mãe de seus filhos. Saia dessa posição vitimada, agressiva, invejosa e ciumenta. É isso aí!

Sexo dentro do casamento

“*Caro senhor doutor,*

Li sua recente matéria sobre sexo no casamento. Confesso não saber afirmar se gostei ou não, somente posso dizer que me incomodou. Venho pensando sobre o tema, pois se trata de uma questão para mim muito séria e que não sai da minha cabeça. Aliás, em meu trabalho, eu e meus amigos discutimos sobre o que o senhor escreveu. Sei que minha esposa e suas amigas fizeram o mesmo. Elas adoraram, é lógico. Minha esposa ficou jogando na minha cara: "você está vendo, neném – é como ela me chama quando quer gozar com a minha cara –, cuidado porque a corda pode romper do outro lado também". O senhor sabe como as mulheres ficam quando se unem em torno de algum ponto de vista contra os homens. Elas não são fáceis!

Sou um marido fiel. Amo minha esposa, é a mulher da minha vida. O que não quer dizer que eu não tenha fantasias com outras mulheres. Sei muito bem da vida de alguns amigos e colegas de trabalho, eles gostam de falar de suas façanhas. Alguns são terríveis, metidos a machos, não param de pular a cerca. Inclusive, dizem que isso faz bem para o casamento. O horário de almoço deles é prolongado demais. Quando dialogamos sobre o assunto, eles são unânimes em afirmar que fazem sexo por fora, e que isso é mais do que normal: "em casa é só para marcar o ponto.

Os argumentos são sempre os mesmos, nisso eu concordo com eles, aí está a razão da minha carta. No início do casamento, o sexo é ótimo. Na época do namoro, também. Parece que algumas mulheres são insaciáveis. Depois a coisa vai esfriando, e quando vêm os filhos é neve o tempo todo. Não entendo o porquê disso. Não sei se isso é geral, mas tem sentido.

No meu caso com a minha esposa é assim: uma hora ela está cansada, não está afim, é a velha história do "deixa para amanhã, benzinho". Muitas vezes tem que estudar. Outras vezes são as crianças. Sem contar as inúmeras ocasiões em que ela está chateada com alguma coisa de sua família. Sempre tem um empecilho para o sexo. E nós dois sabemos que quando acontece é muito bom. O engraçado é que se eu fico na minha, cuidando das minhas coisas, logo vem ela: "é, sou uma viúva de marido vivo". Outras vezes, se faço alguma investida, é a mesma ladainha: "você não dá mais a mínima para mim e agora vem com essa conversa fiada de que não tem mais sexo nesta casa". Desisti de querer entendê-la. Como sou apaixonado, sigo em frente esperando por migalhas.

Tenho vergonha de contar detalhes, mas chega a ser engraçado. Minha esposa é professora universitária, ensina matemática. Eu a respeito muito por seus conhecimentos e pelo carinho que ela tem por seus estudos e suas pesquisas. Confesso que fico com ciúmes dela com os livros, mas procuro não demonstrar.

Mas veja, doutor, a que ponto a coisa chegou. Temos uma casa de praia. Numa bela tarde, estávamos somente nós dois em casa. Tomei banho, me perfumei, estava todo aceso para seduzi-la. Fui pro nosso quarto todo assanhado pra cima dela, cheio de amor para dar. Eu estava louco para ficar com ela. Eu sabia que a coisa ia rolar, não havia desculpas de nada, sem crianças, sem cansaço, só nós dois e mais ninguém. Mas ela disse com aquele jeito que é só dela: "espere meu bem que eu já volto". Fiquei ali na cama igual criança em véspera de Natal à espera de um presentinho. Aquelas coisas que os casais carregam de uma cumplicidade: o tom da voz, os olhares, os sinais de que vai acontecer. Lá estava eu deitado, mais de quarenta minutos depois e nada! Achei estranho, fui até a sala e me deparei com a cena mais irônica da minha vida. Ela estava inteiramente envolvida com seus estudos, seus livros de matemática, escrevendo sua tese de doutorado. Fiquei me sentindo um fracasso. Voltei para o quarto cheio de raiva e rancor e fui dormir.

Confesso que sou muito rancoroso. Ressinto-me facilmente das coisas, sempre fui muito sensível às respostas das pessoas que amo. Fiquei quinze dias em silêncio, sem falar com ela. E ela não estava nem aí. E o pior é que dizia que não sabia o que estava acontecendo comigo, por que eu estava tão estranho daquela maneira. Como se nada tivesse havido, continuou me acusando. Isso é normal?

Sinto que há uma acomodação sexual no meu casamento. Mas eu já disse: quando pinta, é maravilhoso.

Não sei se é assim mesmo com outros casais. Eu pergunto: as mulheres são mesmo assim? Elas gostam menos de sexo do que os homens? Isso é normal nos casamentos? Meus amigos já me disseram para eu arrumar um galho fora de casa. Chegam a dizer que assim ela iria me procurar um pouquinho mais. Fico lá com minhas dúvidas. Não quero fazer besteiras. Tenho um bom casamento e sempre me preocupei com a educação de nossos filhos. Eu mesmo estou perdido, não sei o que fazer para que a coisa mude.

”

Há mais ou menos um mês, quando terminava uma palestra para pais, sobre a influência das tecnologias na formação da subjetividade de crianças e de adolescentes, fui conversando com um pai de aluno, pessoa que conheço há muitos anos, e disse-lhe que o artigo daquela semana sobre *Sexo fora do casamento* havia dado o maior ibope, um recorde de visitas no *site*. Ele, muito inteligente, disse-me na lata: "quero ver se alguém vai querer saber se você escrever sobre *Sexo dentro do casamento*". Concordei com ele, e seguimos em frente às gargalhadas. E agora vem você com sua carta sobre este assunto.

Que coisa triste, não é mesmo? Como é que sua esposa foi fazer isso com você? Meu Deus, você estava ali, cheio de amor para dar, e ela o trai com os livros. Pobre coitado, traído em seu desejo, recua. Porque você recuou se você mesmo diz que aquele era o dia de abater a franga, e que ela mesma nem teria para onde escapar? Que maldade, a criança ficou sem o seu presentinho de Natal!

Mas, poderíamos inverter e dizer que, para gozar como um rancoroso você recuou. Era justo isso o que lhe interessava. O seu recuo estava a serviço de um gozo que você mesmo ignora. Mas, como é possível que alguém prefira gozar no rancor? É possível, você optou dormir com o rancor, ao pé da letra, fazer sexo com ele. Talvez você tenha vivido com ele uma noite inesquecível. Quem sabe?

O problema das relações amorosas não é fácil de ser administrado. Pelo contrário, é complexo demais. O casal, um e outro se atrapalha com seus traços sintomáticos, suas fantasias, suas dificuldades. Em todos os tipos de relacionamentos, vivemos momentos felizes que se alternam com descontentamentos. Aliás, como tudo na vida, há altos e baixos. O difícil, numa relação conjugal, é acreditar que podemos processar mudanças em seu interior, dentro do próprio relacionamento.

Romper não é uma tarefa difícil, pelo contrário, é até fácil demais. Esse rompimento pode-se se dar também a partir de uma relação por fora, uma espécie de mandato tampão, de muletas sucessórias, dos galhos pelo caminho. Rompe-se uma, duas e, assim por adiante. Rompemos fora, com o outro, tudo aquilo que é doloroso demais mudar dentro de cada um de nós, de ser retificado internamente. A conjugação do amor, do desejo e do sexo, num casamento que se constituiu família, requer uma atenção e um cuidado muito especial. Eu diria que se trata até mesmo de uma arte. Administrar um casamento é saber lidar com crises progressivas, com as migalhas que vão brotando do desejo de um e do outro. Isto requer uma mestria. E, até mesmo, uma política.

Como viver uma relação que não seja corroída em sua autoestima, e que seus laços possam apresentar uma elasticidade suficiente, no sentido de não se fazer aniquilar por uma indelével corrupção, tanto do lado do homem quanto da mulher? Há, em todo caso, verdadeiros roedores que nos habitam e que não raro vêm à boca da cena, justo no avançar de uma relação de amor. Eles nos protegem, são defesas não pensantes que utilizamos mesmo sem saber. Homem e mulher se fazem corroer em suas estimas conjugais. Há um temor, um verdadeiro medo de que a coisa dê certo, que avance um pouco mais, medo de que uma relação amorosa possa vir a ser boa demais. É paradoxal. A ruptura é um bem que eu carrego como meio de me proteger frente a possíveis situações dolorosas.

Mais ainda: o que dizer de uma relação amorosa, conjugal, e também com filhos? É dificílimo saber no que isso tudo vai dar. Realmente há tendência da mulher, quando se torna mãe, de vir a deslocar uma libra de gozo para seu rebento. Resta saber, de que maneira o homem, aqui também como um pai, irá relativizar o momento? Saindo fora, buscando galhos que a isso tão bem se prestam? O importante mesmo é perguntar: como insistir numa relação que leve em conta um questionamento, por onde se realize uma constante construção de laços mais íntimos e mais sólidos, na relação de um homem e de uma mulher, dentro do contexto familiar? De que maneira? Podemos, sim ou não, apostar no progresso de uma relação que se sabe, de antemão, não ser nada fácil? Eis aí uma boa questão.

Mesmo porque, sabemos que é justamente quando tudo começa a caminhar melhor, numa relação a dois, que os problemas aparecem e que as crises mostram sua cara. E isso é bom, é signo de progresso. Sabe por quê? Entre um homem e uma mulher, na conjugação de um casal, temos verdadeiros sintomas. O sintoma de cada um pode atrapalhar, pode fazer com que as coisas desandem e que emperre uma relação. É quando, justamente, cada um diz para o outro no sentido de acusação: "você só olha para seu umbigo". Cada um só olha para o próprio umbigo, quer dizer, só quer saber de seu próprio gozo e nada mais. As verdadeiras conquistas têm um preço muito alto a ser pago, e muitos preferem uma saída mais econômica, uma evasiva. E será que cada um está disposto a pagar o preço de uma relação? É difícil!

Nesse sentido, uma vida conjugal não é essa maravilha toda com que sonhamos. Se fosse tão fácil, nós não teríamos os desencontros que temos em nosso dia a dia, as puladas de cerca, as separações. O bom casamento é aquele que inclui a marca de um gozo inesquecível e que deve, portanto, ser preservado. Mas, ainda, e talvez sempre, é o que temos de melhor quanto se pensa numa procriação, na fundação e no relançamento de novas gerações. É custoso, mas sabemos que tem lá suas compensações, não é mesmo? Porque senão você mesmo não continuaria casado com sua esposa, estão aí se queixando, à procura de restos de gozo. Sábia a sua mulher, ela realmente porta um saber inigualável! Se ela te oferecer algo a mais, algo que ultrapasse migalhas de gozo e de desejo, o casamento de vocês dois há muito já teria se acabado. Eu vou explicar e você mesmo irá concordar comigo. Espere. Preste atenção, esse esperar não é aquele que te deixou no quarto, à espera, igual à uma criança na véspera de Natal. Não, eu vou mesmo retornar a esse ponto. Te prometo.

Agora, cá entre nós, se você realmente quisesse já teria arrumado seus galhos por fora. Isso é a coisa mais fácil que existe. O que mais existe são galhos no meio de nossos caminhos. Escreva isso, meu caro: galhos não fazem árvores! As verdadeiras árvores, as que se tornam frutíferas, jamais poderão ser construídas com galhos arrolados no meio do nosso caminho. Uma árvore sim, tem lá seus galhos. Os problemas que estão aí, eles mesmos não cessam de se colocarem justo para serem enfrentados, tão somente nas quatro paredes de uma vida íntima entre um homem e uma mulher, de uma vida conjugal, de uma vida privada gozada sem os preconceitos que tecem as vestes de um papai e de uma mamãe.

Em todo caso, os problemas conjugais devem ser enfrentados em seu cotidiano, tal como eles se apresentam. Não convém uma cega obediência a esta ou aquela norma, a este ou aquele ideal. A relação entre um homem e uma mulher não é de todo limpa e linear. Ela, por si só, é suja de surpresas que provocam tremores que habitam os alcovites de uma loucura sem fim. O que se passa entre um homem e uma mulher? Será que sabemos, será que temos consciência das consequências desse encontro?

O diário que testemunha a vida de um homem e de uma mulher, que se querem juntos numa família, é temperado ao som de um erotismo que se deixa tocar na intimidade de um corpo a corpo, tinto de gozo e de desejos desvairados. Esse momento é o sagrado que clama por um cântico de falas que balbucia o som de um mistério a dois, que deve se tornar o mais cúmplice de si mesmo: todos os nomes, todas as palavras, sem pudor, sem distanciamento, sem vergonha, desavergonhado de um gozo que lhe advém como refém de uma dádiva divina. Mas, então, porque enfrentar crises se podemos contorná-las, mudar de rota, pular esta ou aquela cerca do vizinho? Para que enfrentar problemas? É tão mais fácil procurar os galhos fora, eu não corro risco algum de cair e me machucar.

Veja bem, meu caro, pular cerca é reserva de mercado dos normais. Somente os normais pulam cerca! Você me entende? A normalidade do ser humano é, por assim dizer, sua patologia por excelência. Ela é o ultraje que peregrina os alicerces humanos, que tem por função impedir o nascimento do desejo, isso que celebra possíveis aproximações entre um homem e uma mulher. O sujeito que pensa e que, portanto, deseja, há muito se divorciou de uma suposta normalidade. O bom homem é justamente aquele que resiste às normas ditatoriais que estrutura o difícil universo das relações humanas. O bom homem se divorciou da normalidade. O sujeito que deseja é aquele que vive realmente a uma vida imersa em conflitos, a partir de uma particularidade. Ele não foge do enfrentamento de constantes desafios que as relações conjugais que se lhe apresentam. O ser do desejo sai dessa então normalidade e parte para uma assimilação das crises e das angústias, à cata de verdadeiras conquistas junto da mulher que ele escolheu como sendo sua parceira. Por outro lado, o normal é aquele que, frente ao primeiro obstáculo, pula a cerca, parte à procura de galhos normativos. São verdadeiros traidores de si mesmos, fracos, vingativos, ressentidos, reféns de um normativo princípio do prazer. Eles são por demais preconceituosos, sabia? É estranho, parece paradoxal, mas é a mais pura verdade. Pobres coitados, eles próprios estão sempre à procura de normas. Isso é fácil demais, não tem graça.

Mas parece que não é o que você deseja, não é? Você diz que deseja a sua mulher, essa que escolheu para viver ao seu lado, para construir uma família. E esse é o caminho que você deve trilhar. Penso dessa maneira, cada um escolhe comer o fruto que mais lhe apetece. Siga seu caminho, deixe seus amigos fazerem o que julgarem melhor, para eles e outras ovelhas que quiserem segui-los. Deixa-te ser em seu caminhar junto de sua mulher, mas sem rancor, sem ressentimento, sem ódio.

Dê longas férias para essa criança rancorosa. Seus sentimentos, eles mesmos se acentuam quando faltam boas palavras. Não sei se você sabe, quando usamos bem as palavras, a coisa flui mais levemente, o sexo rola melhor, o erotismo se alastra como fogo nas florestas no calor de verão.

Você mesmo pergunta o que é normal, se isto ou aquilo? Será que podemos regrar as coisas que dizem respeito a uma relação amorosa? Será possível regrar o que diz de uma relação amorosa, erótica, sexual? Um encontro de corpos onde temos fantasias que não cessam de alimentar um gozo magistral? Acho difícil! Ou, melhor, é impossível. Preste atenção. Tudo é possível, você entende? Se parto pela via de um caminho menos custoso e angustiante, então vou buscar fora aquilo que tenho medo de me envolver dentro de casa, numa relação de verdade com uma mulher. Realmente, não mais a mesma coisa. Depois de um tempo, com a chegada de filhos e dos projetos, em relação a seu futuro, o erotismo tende a ceder. Mas espera-se por novas insistências, novas novidades. A música, meu caro, não pode parar.

Realmente, há uma questão sobre a figura da mulher. Uma mulher gosta mais ou menos de fazer sexo, se depois da maternidade, há ou não, uma redução dos anseios sexuais pelo seu companheiro, o que os levaria a buscar sexo fora de casa? De todo modo, para além de todas essas questões sobre sexo no casamento, resta esse ponto interessante, que não sabemos a que ele se refere em sua história. Como fazer o luto da criança rancorosa que te habita e que tanto o ama? Veja bem, o rancoroso é o seu outro internalizado, por onde muitas coordenadas de sua vida partem dele mesmo. Como você iria abandonar o rancoroso dentro de você mesmo e abordar sexualmente sua mulher. Porque eu disse que sua esposa, ao lhe oferecer migalhas, estava sendo sábia demais? Porque se ela te der mais que isso, acabou! Você, em sua ânsia voraz e ciumenta, iria devorá-la. Não é sua esposa que gosta de trepar pouco. O problema está no fato de que você trepa o tempo todo com o seu próprio rancor. Aí está seu verdadeiro gozo. O rancor, esse você o ama mais que a si mesmo. Ou, quem sabe, ele o ama demais para deixá-lo em paz consigo mesmo. Você não ficou rancoroso porque ela o deixou esperando. Para gozar no rancor você criou essa situação. Estamos de acordo? É isso aí!

Por quem nossos filhos se drogam?

“ *Caro doutor*

Sou mais um pai à procura de ajuda para uma família em crise, desestruturada, em função de um filho de 17 anos de idade que é usuário de drogas e que transformou nosso lar num verdadeiro inferno. O senhor sabe o que é isso, doutor, ter um filho dependente de drogas dentro de casa, sem poder fazer nada para ajudá-lo? Estamos vivendo num buraco escuro, sem esperança alguma em relação ao seu futuro.

Minha família sempre caminhou bem, aparentemente em ordem. Estou casado há 24 anos. Sou pai de três filhos - duas moças e um rapaz -, e até pouco tempo atrás, eu tinha uma família exemplar. De dois anos para cá, meu filho menor, o caçula, deu para usar drogas. Começou com maconha e depois passou para cocaína.

As duas moças estão ótimas, já estão encaminhadas, com uma vida normal. Sempre tratamos todos de maneira igual, com muito amor, muito carinho e preocupação com o futuro. Nunca lhes faltou nada, trabalhamos para dar o de melhor para eles.

Eu e minha esposa temos uma vida de muito trabalho. Éramos respeitados, tínhamos vida social. Não temos mais vontade de fazer as coisas que fazíamos. Vivemos vidas trancafiadas. Estamos reclusos e com medo do julgamento dos outros. Fazemos parte de grupos religiosos, somos pessoas do bem. Hoje nossa vida é cuidar deste filho, nada mais.

Não tem ninguém em nossas famílias que tenha usado drogas. Não entendemos porque esse menino faz essas coisas. Por que ele está querendo nos envergonhar desta maneira usando todos os tipos de drogas? Isso é genético, é químico, é o quê? Isso tem cura?

Sempre fizemos todas as vontades deste garoto, que foi muito esperado, mas tem alguma coisa muito errada com ele. Queríamos um filho homem. A culpa não nos deixa em paz.

Já fizemos de tudo. Seguimos a orientação de bons especialistas sobre o assunto, principalmente de profissionais da cidade de São Paulo. Ele já foi internado duas vezes em clínicas especializadas. Tomou medica-

ções específicas, fez terapias, e temos acompanhamento familiar. Não temos tido respostas positivas. Ele abandonou os estudos, não quer mais saber de ir ao colégio. A situação é tão grave que ele rouba dinheiro e objetos de casa para comprar drogas e some, desaparece por alguns dias ou fica trancado dentro de seu quarto, num total descaso corporal, sem tomar banho. Não consigo colocar limites e já chegamos ao absurdo de brigar fisicamente, ou seja, ele me provoca a tal ponto que faço coisas contra todos os meus princípios. Confesso que já bati nele algumas vezes. Hoje ele é muito mais forte do que eu, não tenho como enfrentá-lo.

É isso, doutor, não sabemos mais o que fazer. Nossa casa que era um lar saudável, tranquilo, hoje é um verdadeiro inferno. Não conseguimos receber mais os nossos amigos e parentes. Ficamos escondidos por trás da nossa própria vergonha, essa é a verdade. Obrigado.

”

Seu filho não está doente sozinho, pois não está sozinho nesta história. Ele está explicitando, com o uso e abuso de drogas, um transtorno psíquico desta família em crise. Sua vida conturbada, arrastada por este vício estarrecedor, explicita bem um distúrbio na história do casal.

A origem de qualquer distúrbio psicológico de um filho tem suas raízes na relação dos pais, em sua constituição familiar. O sofrimento de um filho sempre denuncia que alguma coisa não está funcionando na vida conjugal, que muitas vezes se esconde sob o manto imaculado do casal, a saber, pai e mãe. Homem e mulher, em sua função de gozo sexual, jazem adormecidos sob o véu parental. Trata-se, de todo modo, de uma sexualidade que se encontra adormecida sob os escombros das vestimentas de um pai e de uma mãe que se encontram inibidos em seus desejos e anseios de homem e de mulher. O que não é gozado entre os dois escorre para os filhos provocando patologias, dependências das mais diversas.

A crise que tomou conta da vida deste jovem, imersa no mundo de satisfações plenas que o uso de drogas propicia, vem mostrar, a céu aberto, que há um distúrbio grave na constituição desta família. Poderíamos dizer que há, aí, uma patologia do desejo que paralisa o casal. Pai e mãe paralisados sob o véu da vergonha, voltados tão somente para a vida conturbada deste jovem, não conseguem levantar um questionamento sobre o que realmente está se passando. Em todo caso, trata-se de um casal contaminado por desejos gravemente enfermos, adormecidos, mortificados, silenciados, que somente encontram voz na vida compulsiva deste filho que se vê sendo visto, nos limites da vida, enamorado pelos desígnios da morte. O que isto representa na vida deste casal? Não há perguntas. Há algo, digamos, que quer por que quer falar e que não está encontrando meios de ser escutado senão através desse uso desmedido. Há, portanto, no seio dessa família, uma coisa que sofre e que necessita encontrar palavras que venham nomear esse sofrimento, uma coisa que pena em suas dores mudas e que está à procura de um canal, de um veio, de uma brecha, de uma fenda, à procura da possibilidade de ser falada e escutada. São palavras que querem sair a qualquer custo e que não encontraram, ainda, suas chances de serem colocadas, a não ser por meio da crise de uma dependência às drogas. Palavras, portanto, à espera do assentimento de um pai!

Sua família está doente, e não há porque se envergonhar sobre esse fato. Vergonha! É muito cômodo se esconder por trás deste sentimento. Garanto que se o seu filho estivesse, por exemplo, com câncer, o senhor e a sua família estariam mais abertos em sua vida social, abertos às devidas condolências de um gozo por onde se confraternizariam numa posição vitimada. Mas o fato de se tratar de uma dependência às drogas, as coisas mudam e isso deve ser vivido às escondidas, não é mesmo?

Por favor, não se esconda por trás destes sentimentos bastardos. Simplesmente enfrente seu problema com dignidade. Deixe a vergonha de lado, mostre sua cara para si mesmo e para seus amigos, lute para ajudar seu filho, mas sempre se implicando. Pergunte-se: qual a tua parte nesta história? Não o deixe sozinho nessa aventura mortificante que é, ao mesmo tempo, tão dolorosa quanto insólita, difícil de ser enfrentada, mas não é impossível de ser vencida, porque o senhor e sua família estão juntos nessa. Procure se incluir, incluindo-o. Certamente o senhor terá a melhor família do mundo, ou seja, a sua família. Adote esse teu filho em crise e assuma, por favor, sua família como ela é. O senhor a verá como a coisa mais linda do mundo!

Tendo como porta voz o filho caçula, a doença da família nada tem a ver com as drogas. As drogas, aqui, são uma simples fachada, um meio de chamar a atenção para algo que não vai bem, e que precisa ser escutado. Elas comparecem como pedido de ajuda para um sofrimento que é muito grave e que se alojou nesse menino como um filho que é, ao mesmo tempo, um fim-da-rama, o último de uma série. Lembre-se: ele é o último da série familiar, um filho homem que leva o seu nome, o patronímico que deve ser transmitido para gerações futuras. Que peso ele carrega? O peso dos ideais parentais, que agem no silêncio de uma ansiosa cobrança, de uma responsabilidade para sustentar uma geração e caminhar rumo à fundação de uma nova. A droga está aqui para amenizar a dor das exigências implícitas nos ideais de sustentar a função do pai, diga-se, para salvar do fracasso este pai enquanto função simbólica, pois se trata, até agora, de um pai envergonhado!

Temos que demonstrar, neste problema de família, que lugar as drogas ocupam na vida desse jovem. A pergunta que se coloca, de saída, é: por quê nossos filhos se drogam? Mas podemos avançar e forjar a seguinte inflexão: POR QUEM NOSSOS FILHOS SE DROGAM? De que lugar, da sua subjetividade, ele explicita um traço maldito dessa historicidade familiar? Quem nele se faz drogar? De que lugar ele o faz? Para quem, e para além dele mesmo? Quem habita o mais íntimo de seu ser necessitando se drogar às últimas consequências?

Quando alguém elege uma droga, essa escolha não é inocente. Ela se dá e se promove a partir do estatuto inconsciente de um sujeito particular.

Preste muita atenção no que vou lhe dizer, porque me parece que o senhor não está familiarizado sobre o que é um transtorno psíquico, um problema de cabeça, um sofrimento da alma, por assim dizer. Seu filho iniciou essa perigosa aventura com drogas para sobreviver. Acredite: uma sobrevivência contra um mal muito maior. O uso de drogas foi, até agora, o que salvou seu filho da morte, de algo mais danoso, de um estado depressivo e melancólico grave. A droga foi uma maneira que esse jovem encontrou de se proteger da doença do casal. Talvez ela estivesse funcionando como um escudo contra a invasão de um gozo materno avassalador. Justamente ali onde era esperada a interdição do pai contra este gozo materno incestuoso, ele lançou mão das drogas. Ele mesmo não suportou o peso dos ideais colocados sobre seus ombros, as expectativas de um filho homem para, então, falhar no relançamento do nome na genealogia dessa família. Na realidade, ele atualizou um fracasso do pai enquanto função paterna, enquanto lei do pai. O pai, enquanto lei, barra o gozo incestuoso mãe-filho. Portanto, esse jovem, em sua sintomática, dá mostras de que alguma coisa não funciona no casal. Coube a ele carregar o peso, o fardo da falha do casal, daí sua necessidade de se fazer anestesiar de uma dor maior, usando e abusando das drogas como um chamado, uma chamada de atenção. Um sinal, mostrando o sôfrego lugar que ele sempre ocupou frente ao desejo dos pais.

Por favor, interrompa abruptamente tudo o que estiver fazendo em relação ao tratamento do seu filho. Se até agora nada deu certo, vamos tomar outro caminho, outra estrada. Interrompa tudo o que estiver fazendo, há que se passar para outra coisa.

O senhor irá conversar com um psicanalista. Vai procurar colocar a casa em ordem. Entregue seu filho para que ele possa escutá-lo sobre o que está se passando. Dê as rédeas para que um profissional possa conduzir o tratamento, indicar um psiquiatra, uma abordagem familiar, se for o caso, multidisciplinar. Que haja um movimento em direção à cura. O importante é que o senhor possa realmente entregá-lo para um bom profissional para que este se responsabilize pelo tratamento de seu filho no sentido de acreditar numa outra possibilidade de viver a vida. Não há necessidade alguma em buscar profissionais fora de sua cidade, em outros estados. Isso é um engodo, uma ilusão. Ninguém vai resolver o problema se o senhor mesmo não se implicar. Qual sua parte nisso tudo? O fundamental é o profissional tenha condições de assumir o caso, que ele adote seu filho em suas questões desencontradas, em relação ao que se encontra atrapalhado nessa história. Por favor, não acredite nestes profissionais que se dizem especialistas, que se intitulam especialistas em pacientes que estão dependentes de drogas. Se a questão é sempre mais ampla, como focar tão somente na dependência? Isso não existe, é uma das picaretagens de mercado. O senhor tem, na sua cidade, excelentes profissionais. Há que se insistir num direcionamento, e isso leva tempo, pois como disse, o problema é mais amplo do que se possa imaginar. Trata-se de uma reconstituição da historicidade do jovem em sua relação familiar e social.

O mais importante é que haja uma mudança radical nas relações dentro da família, do lugar que ele vem ocupando frente ao desejo de vocês como pais. Deixe a crise desse jovem em paz, pois todos estão dando importância demais. Todo olhar está voltado para ele em crise. Seu filho deve ser escutado em seu desejo, nada mais que isso.

Não resta a menor dúvida: ele está se acomodando na crise, pois tem toda atenção e todos os olhares sobre ele. O que ele quer para além de como apresenta na crise? O que o impede de sair? Quando o que se olha é a crise, isso não permite que o sujeito seja alcançado em sua particularidade, no sentido de se responsabilizar pelo que está passando. O olhar, todo esse olhar, que a ele se dirige, deve ser desviado, voltado para outras coisas que não este jovem em crise com única condição de abertura para constituição de uma castração, ou seja, de um luto. Ele não está doente pelo fato de estar dependente de drogas. As drogas o salvam de um mal bem maior. Elas servem! Acredito que o senhor conheça muito bem a história que diz que o buraco é mais em baixo. Não existe doença de drogas, de adicção, de seja lá o que for relacionado a este quadro que ele vem apresentando. A droga é a fachada, é o chamado, é o pedido de ajuda. Seu filho pede ajuda a partir das drogas, mas ele está doente de alguma outra coisa, alguma doença; está doente de algo que não anda bem, que precisa ser dito, falado. Ele está pagando um preço do que não é dele, que é da historicidade própria dessa família. Algo que está encarnado, sim, e que ele não está conseguindo falar o que é, porque sua família nunca esteve em condições de ouvir. Vou explicar melhor.

Esse jovem está explicitando, com o uso de drogas, que sua família tem um problema sério com a transmissão geracional. Há um emperramento, um peso muito grande sobre ele que precisa ser revelado na fala. Diga-lhe, portanto: "Você quer se acabar com as drogas? Você deseja morrer? Isso é problema seu! Vamos ficar tristes, é lógico, mas vamos continuar vivendo nossas vidas e, com o tempo, vai passar". Insista com sua vida, faça um esforço maior em direção ao seu desejo e aborde sua mulher na cama. Vocês dois, marido e esposa, devem se redescobrir na cama, como homem e mulher. Descubra, na mãe de seus filhos, também uma mulher. Procure lidar melhor com ela sexualmente, faça-a se sentir mulher, e não somente mãe, pois o gozo desta mãe é a droga de seu filho. Entenda esta frase ao pé da letra. Aliás, se o senhor já o tivesse feito, talvez nada disso teria acontecido, pois seu filho está tentando salvar um casamento que não anda bem. Cá entre nós, certamente há muito tempo.

Drogas existem desde o início da civilização. Com o tempo, houve um desdobramento: há drogas lícitas, aquelas que são permitidas por lei, que circulam no mercado, tributadas pelos Estados, algumas testadas em seus efeitos nocivos, outras não. Neste campo encontramos drogas que somente são obtidas com prescrição médica. Mas há também drogas ilícitas, que têm a propriedade de causar satisfações desmedidas e sempre caminham fora do enquadre socioeconômico, fora de uma lei vigente em mercados de algumas sociedades, e circulam em um campo específico, nomeado de narcotráfico. São drogas não aceitas - até que se possa mudar ou não uma lei que venha inseri-las no mercado -, proibidas, porque a elas são creditadas uma capacidade de viciar e de causar danos, tanto aos indivíduos quanto às sociedades como um todo pois, em seu entorno, tende a se manifestar um cúmulo de transgressões. No primeiro grupo, temos os psicotrópicos, a bebida alcoólica, o cigarro, e outras coisas mais. No segundo grupo, temos uma variedade: maconha, cocaína, heroína, e por aí vai.

Por outro lado, temos o homem e seus vícios cotidianos, aqueles que lidam mal com uma insatisfação própria da vida humana. Frente a essa falta que é estrutural, fundadora do psiquismo humano, temos aqueles que têm dificuldades com as frustrações que a realidade da vida nos impõe. Os vícios se apresentam das mais variadas maneiras: alguns são mais intensos, outros se apresentam mais leves. Tudo dependerá da estrutura psíquica do sujeito em questão. Em seu viés particular, o buraco que cada um de nós carrega denota uma história do vício e sua relação com o objeto. Não existem dois vícios iguais, mas são formas particulares de se fazer viciar nisto ou aquilo. Pode ser droga, bebida alcoólica, jogo, cigarros, alimentos. Muda apenas o objeto. Mas, os vícios, em suas versões e vicissitudes, demarcam posições subjetivas frente à vida, frente ao outro: perdas, sofrimento, corrupção, fazer o outro sofrer, se fazer sofrer, fracassos, posições vitimadas, fracassos no amor, fracassos diante do êxito. Essas posições subjetivas podem demarcar uma versão particular do vício: o sujeito não consegue sobreviver fora delas. É vida ou morte: isto ou o nada! É isso aí!

A falta que faz um pai

“ *Tenho 32 anos de idade, sou mãe de uma menina de seis e nunca me casei. Resolvi ser mãe e criá-la sem pai. Durou uma noite. Ele é casado, colega de profissão, reside em outra cidade. Já o conhecia de alguns encontros de trabalho. Sempre soube que ele é casado, pai de dois filhos. Fiz de caso pensado: escolhi esse homem para me dar esta menina. Nunca esteve nos meus planos viver uma vida de casada. Sou bem sucedida e respeitada na profissão. Eu e minha filha formamos uma família, falamos a mesma língua, nos compreendemos bem. Vez por outra, saio com um ou outro homem, simplesmente para fazer sexo, ninguém fixo. Eu e minha filha nos bastamos. Nunca tive boa relação com minha mãe, então procuro dar a melhor das mães para minha filha. Loucura ou não, é assim!*

Em momento algum acreditei que ela necessitasse de um pai. Agora começaram os problemas: ela não quer se relacionar com ninguém, não se alimenta e tem baixo rendimento na escola. A coordenadora da escola me chamou para conversar e tocou na questão do pai. Ela conta para suas amiguinhas que o pai está viajando. É o que eu contava para ela, mesmo antes dela falar.

Penso que minha filha esteja se sentindo inferior em relação às suas amiguinhas pelo fato de não ter um pai. É possível? É necessário pai dentro de casa? Não sei se pai faz falta. Sempre achei que não, dava para ir levando. Estou começando a me convencer de que não é bem assim. Gostaria de orientação. ”

Uma estrutura familiar não existe sem um pai. E necessário, realmente faz falta. Pai e mãe são funções distintas, cada um tem sua importância, um lugar específico na vida psíquica e emocional do filho e da filha.

Que falta faz um pai? Isso depende da mãe, do desejo materno. A mãe funda o pai, o reconhece, o inaugura; o desejo da mãe o legitima para seus filhos. Isso, logicamente, também vai depender das qualidades e atributos do pai. Tudo sempre depende da mãe.

Você resolveu ter uma filha tão somente dentro de seus propósitos e interesses. Não pensou em se casar, estabelecer um projeto, procriar. A questão é que filhos nascem de uma conjugação de desejos de um homem com uma mulher que se querem e se escolhem para construir um futuro. É o que se espera, o que se observa na maioria dos casos, o que não quer dizer que não possa ser diferente. Você quis fazer uma filha e educá-la sem a presença de um pai. Ela carrega então o peso de um sentimento de inferioridade em relação às amiguinhas. Ela não tem pai, sente-se menos, é claro!

Você nos afirma a partir de seu próprio engano: você deixou o pai de fora, o tripudiou e está sentindo na pele que isso não é uma coisa com a qual se possa brincar. Um pai, no mínimo, merece respeito. É lógico, temos a outra parte: há aquele que se fez usar. Mas você brincou uma brincadeira cara, amarga, com um custo muito alto.

A *função paterna* é algo da ordem do sagrado na estrutura da família, de uma família que se quer como tal, que quer filhos bons e bacanas, saudáveis, menos sofridos nessa vida que não é fácil de ser vivida com dignidade.

Seu movimento de ter uma filha foi tão somente a partir de seus caprichos neuróticos. Pensou unicamente em si mesma, não quis saber de mais nada, em momento algum você pensou na criança por vir, nas consequências sobre ela em seu futuro, o que poderia acontecer com ela nessa triste aventura consigo mesma. É justo? Digo isso porque, parece-me, que você pensou tão somente no seu gozo, no seu umbigo, a partir de seu narcisismo.

Os distúrbios que sua filha está sofrendo representa uma verdade que te habita e que, por alguma razão, você nunca se permitiu saber. Sua filha sofre os efeitos dessa história silenciada que você carrega, a um alto custo. Seu sintoma é a resposta aos desejos desencontrados que te habitam como mãe e que você carrega dentro de si, que se fizeram atualizar na origem dessa menina. Ao contrário do que diz você provocou a origem dessa filha num ato, sem pensar. Mesmo dizendo que o fez de caso pensado, acredito que não: você foi levada a se fazer engravidar sem pensar a partir de seus fantasmas inconscientes, de elementos de sua historicidade.

O sofrimento dela é um apelo, um pedido de ajuda dirigido ao pai. Ela pede o pai que você recusou, que lhe é de direito, mas você trancafiou, impedindo-o de qualquer dom de legitimidade. Um pai que você nunca deixou se aproximar dessa filha, pois ele "está sempre viajando", por isso mesmo ele nunca chega. Quem é esse pai? Um pai, certamente, da sua própria história de vida.

Mas agora ela pode pedir pelo pai, e não deixa por menos. Ela pede forte no corpo, implora, cobra e exige sua presença. Sua filha *fala* esse pai ausente, recusado, justo a partir da presença maciça de seus sintomas no corpo. A menina, que sofre na carne os desencontros da vida conturbada da mãe, agora quer a verdade. Ela quer saber desse pai. Onde ele anda? Quando retornará? Isso não é pedir demais, um pedaço de verdade que seja, sim, falada por essa mãe, que lhe seja dada voz, que seja colocada em palavras e nada mais.

Você me faz duas perguntas distintas que se encaminham para um mesmo ponto lógico: o que é um pai? Sua pergunta é pertinente, pois o pai pode não estar presente, ele pode faltar, sim! Mas o importante é que algo possa vir em seu lugar. Nada, nenhum namorado, nenhum outro para além dela, sua filha, que fala sua língua, a "mesma língua". Os sintomas de sua filha a estão salvando de um mal bem maior, de doenças mais graves. Ela quer falar sua própria língua, uma outra língua, e o faz a partir de sua anorexia. Um signo, uma mensagem cifrada: "decifra-me ou te devoro" é a questão.

Um pai pode faltar como presença física. Mas sua função deve operar efetivamente a partir do desejo e da fala da mãe, o que não é o caso aqui. Mas alguma coisa mais forte que você mesma se impôs, barrou seu gozo avassalador em relação à sua filha e fez falar o sintoma no corpo dessa menina. Isso é interessante, e somente a psicanálise pode alcançar, afirmar: um pai sempre opera no regime de uma função, pois ele não é necessariamente o genitor. O provedor, o educador, isso por si só não o define, não basta para definir um pai. Nem mesmo um registro civil.

O que é um pai, verdadeiramente? Não é aquele que participou do ato sexual, que condicionou a origem dessa menina, não é só isso. Isso não basta para definir um pai no sentido das gerações. Um homem é um pai se você, enquanto uma mulher, o reconhecer como tal, como causa de seu desejo, aquele que barra seu gozo avassalador em relação à sua filha, como único objeto de satisfação para uma mulher. Tudo, porém, irá depender de você reconhecê-lo como agente de um desejo que está na origem do nascimento dessa filha como representante da lei que interdita a relação incestuosa mãe-filha. Somente você, como mãe, pode abrir portas para que esse pai dê nome a ela. Ela pede por isso, por isso sofre.

É necessário um pai dentro de casa? Ele faz falta na educação e no desenvolvimento de um filho, de uma filha? É o que entendi, não é isso? Um pai sempre faz falta na estrutura de uma família, em todos os sentidos. O que não quer dizer que ele não possa faltar numa relação mãe-criança, não estar aí. Pode acontecer, por alguma contingência, que ele falte. Pode ser que por uma separação prematura, morte ou uma carência, mesmo estando fisicamente presente, não opere como pai. Como também pode estar presente como pessoa e não funcionar como um pai, como função simbólica. Em todo caso, a função paterna tem que vigorar, pelo menos através do discurso materno, que a criança possa se autorizar em seu desejo, em sua língua própria. Isso depende da conjugação de dois desejos para que seja suficiente para sustentar uma existência digna.

É fundamental poder entender que a falta de um pai é estruturante na formação da criança em seu desenvolvimento psíquico e vai reger todos os passos futuros de um filho. A presença ou ausência de um pai promove um tipo de falta que é muito específica, que retira a criança da condição de objeto de gozo materno.

A falta de um pai é única. Produz uma patologia do desejo da criança. Sua ausência pode produzir um buraco na vida subjetiva, abrindo brechas para uma patologia mais grave ainda, que se torna irrecuperável. Um pai é justamente aquele que salva a criança de uma invasão maciça do gozo materno. Ele cria condições de desvelamento dessa figura materna enquanto mulher. Os anseios e caprichos maternos se tornarão menos pesarosos sobre o filho ou filha. Menos sufocante certamente.

A presença de um pai funda o universo simbólico da criança. Você certamente me entenderá. No caso dessa menina, seu universo é a mãe, nada mais que isso. Ela foi sempre colocada na posição de objeto do gozo doentio da "mãe", prestando um serviço de complemento de todas as suas faltas. Quanta raiva você tem da figura paterna! Castrou o pai, nada mais que isso. Vamos agir para salvar sua filha. Urgentemente, pois você, ao desejar ser uma mãe idealizada, acabou errando e produzindo o pior: a anorexia de sua menina. Chega de tanto amor, chega de tanta invasão, não quero mais, mãe, é o que ela quer dizer.

Se você quer saber se sua filha vai adoecer psiquicamente pela falta do pai, eu te digo que sim, e muito. Ela já está dando sinais. Você está adoecendo sua filha, a está sufocando, acabando com sua vida. Pelos simples caprichos da cabeça de uma mãe enferma você atualizou um desejo doentio de ter sua mãe somente para si.

Você pode ser excelente em sua profissão, mas não está sendo boa mãe. Péssima, egoísta, doente em seu querer narcisista. Poderia ter oferecido para essa menina pelo menos um substituto de pai. Você a tomou somente para si. Mas ela está reagindo, está colocando lei nessa história. Você mesma está despertando, abrindo as ruelas de seu inconsciente. O que você ofereceu a ela? Uma mentira, *um pai que está viajando*. Ela, sua filha, é sábia. Ou pelo menos seu inconsciente: fez patologias como uma maneira de não enlouquecer. Os sintomas são formas distorcidas de chamar pelo pai.

Pelo menos uma verdade quer falar, porque você não conseguiu ainda *se* dizer nessa história, e fala através dos sofrimentos de sua filha. Diga a verdade para ela, solicite a paternidade, converse com o homem da sua escolha nesse ato sexual, ainda há tempo. Fale com ele, ele irá assumir a paternidade da filha de vocês. Ela necessita conhecer esse pai. É necessário, obrigatório, é de direito, pois senão será um crime o que você estará realizando. Dê o pai que é o dela, pois você o está matando em vida. Não é justo, ela irá decidir no futuro o que fazer com esse pai. Houve um erro, isso é humano. O importante é corrigirmos esse erro por onde você procurou atualizar uma fantasia da criança que você teria sido, só, com sua mãe. Tomou sua filha como objeto de seu gozo narcísico, egoísta – e isso é muito grave – recusando-se a dar a ela seu bem mais precioso: um pai. Bom, ruim, como saber? Não temos garantias, só saberemos depois. Tudo irá depender da modulação da estrutura do desejo de cada filho. A referência paterna dá sustentação de desejo tanto para o filho quanto para a filha de maneira particular. O pai, quando funciona barrando os caprichos da mãe, cria condições de liberdade para os filhos.

No seu caso com sua filha – aqui, caso mesmo –, você precisa agir rápido. Você e sua filha se beneficiariam muito com uma psicanálise pessoal. Mas corra, corra mesmo, e encontre o pai de sua filha, você entendeu? É isso aí!

Como ser um bom pai?

"Estou perdido em relação à educação de meu filho. Sou casado há seis anos e temos um menino de três que transformou minha vida num verdadeiro inferno. Sei que o problema não está nele, mas em mim. Ou nos dois, sei lá!

Conversei com alguns amigos, professores e especialistas sobre este assunto e todos foram unânimes: isso é coisa de filho único. Eu e minha esposa decidimos ter somente um filho. Foi uma decisão consciente, bem pensada. Somos médicos e trabalhamos muito. Somos muito bem realizados profissionalmente.

Dirijo-me a você para pedir ajuda. Não consigo agir como pai, o pai que imaginava ser, estou sem rumo. Sei que violência não adianta, jamais faria isso. Vivo tenso, irritado e sem paciência com meu filho. Não consigo ter autoridade junto a ele. Meto os pés pelas mãos, me atrapalho, acabo cedendo. Não sei como me posicionar. Ele não me obedece, vai contra tudo que eu digo, e agora deu para me peitar. A coisa chega a tal ponto que nós parecemos dois irmãos! Observo que a cada dia vou ficando sem lugar dentro de casa. Ele ocupa cada vez mais meu território, até mesmo com minha esposa.

Veja a que ponto as coisas chegaram: sou flamenguista, bem como toda minha família, faz parte da minha história. Recentemente ele começou a torcer para o botafogo, que é o time do meu sogro, meus cunhados, o lado materno da família. Eu sei que é para me tirar do sério, bater de frente comigo. Aprendi que não devo intervir, que devo deixá-lo à vontade em suas escolhas.

Mesmo antes de ele nascer, já me preocupava: como iria agir, como me comportar, como dar bons exemplos? Lia livros que procuram explicar como ser um bom pai. Frequentei cursos e palestras sobre como educar filhos, e nada adiantou. A ênfase estava colocada na importância de colocar limites. Mas é justamente o que não consigo fazer, pois fico com pena dele. Tudo soa frouxo. Sempre fui um bom filho: obediente, cumpria minhas obrigações, estudava até demais e respeitava os limites. A voz do meu pai era lei para todos dentro de casa. Bastava um olhar e lá estava eu obedecendo o que era determinado por ele e por minha mãe. Parece que não tenho voz dentro de casa.

Meu filho agora deu para dizer que está com medo à noite e não consegue dormir sozinho em seu quarto.

Com isso ele se enfia em nossa cama e dorme no meio do casal. Eu e minha mulher não temos mais intimidade alguma. Procuro de todas as maneiras seguir à risca o que seria um bom pai. Dou amor e carinho até demais, faço tudo que ele me pede, mas não consigo colocar ordem, limites, ou seja, não consigo ser pai. Nunca bati no meu filho, embora sentisse vontade de dar uns cascudos nele. No início contava até dez para não bater. Agora já conto até cinquenta. Tornei-me dependente de seus caprichos e suas tiranias. O que fazer? ”

É uma história interessante, pois retrata com fidelidade o que se passa nos bastidores de uma família. Vejam como estamos em relação a nossos filhos: somos verdadeiros reféns de seus caprichos pelo viés da culpa.

Quando um pai adormece e não ocupa efetivamente seu lugar de lei, o filho toma conta do seu território, fazendo casal com a mãe. Uma luta de prestígio, de vida ou de morte? Uma verdadeira disputa em torno de um mesmo objeto: a mãe.

Meu caro, nunca queira ser um bom pai para seu filho, *o* pai. Simplesmente se *deixe ser* o que você pode ser em sua autenticidade, nada mais. Ocupe *o lugar* que lhe é oferecido pela mulher que está na origem dessa criança. Isso não é pouco, nem fácil. Corra, senão seu filho chegará primeiro. Apresse-se e ocupe seu lugar, o lugar que é o seu, porque senão nada lhe sobrará.

Qual é o seu desejo? Será que você deseja mesmo ocupar o lugar de pai? Há, em seu querer, algo falho, dividido. Será que você quer mesmo funcionar como pai? Acredito que a coisa chegou a tal ponto porque você é esse menino que quer a mãe como única e para mais ninguém, que permaneceu em instância no seu inconsciente e com a qual você se compraz e se delicia através de seu filho. Você o usa para preservar um gozo materno do qual seu próprio pai não deu conta em relação à sua mãe.

A doutrina psicanalítica propõe que é a mãe quem funda o pai, é quem dá as primeiras cartas no sentido de transmitir ou não a palavra do pai, como efeito de lei. Isso não é gratuito, tem um custo altíssimo, tanto para a mãe quanto para a criança. Para alguém ocupar o lugar de pai, deve portar alguns atributos ou as insígnias necessárias para tal empreitada.

É possível ensinar alguém a ser um bom pai? É difícil acreditar que existam escolas ou até mesmo profissionais que possam dizer o que se deve fazer. Conselhos, normas, regras: faça isso, não faça aquilo, seja tolerante, converse muito com seu filho, procure sempre o diálogo, preocupe-se, não lhe deixe faltar nada. Nada disso adiantará. A experiência demonstra que ocupar o lugar de pai não passa por uma presença de bons comportamentos, bons exemplos ou mesmo querer o bem do filho.

Eu o elogio por sua coragem e pela sua transparência ao se colocar tão abertamente em suas faltas, suas carências de pai. Não é o que se observa. Hoje, mais do que nunca, os pais estão se ocupando mais com seus filhos. Eles têm se preocupado excessivamente com seus rebentos, sufocando-os, pecando por seus excessos. Parece que não estão permitindo que filhos possam desejar. Temos, na atualidade, uma safra de pais excessivos, dependentes de seus filhos. Algo fica esquecido, eles se esquecem como homem e mulher. O excessivo que está dirigido aos filhos é uma das maneiras do casal se esquivar sexualmente. Por baixo das nomeações *pai* e *mãe*, habita um homem e uma mulher que estão adormecidos, claudicantes, se fazendo esquecer um do outro, num necessário encontro tão traumático que é o ato sexual.

Os pais da atualidade adoecem seus filhos e os enviam para especialistas e para escolas para serem "reformados". Eles querem terceirizar a educação de seus filhos para se eximirem do que seria da sua responsabilidade. Sempre preocupados com o futuro profissional dos filhos, esquecem, por exemplo, a sexualidade latente num filho ou numa filha. Então, o que você apresenta a *Problemas de Família*, é o núcleo, a razão causal de tantos sintomas que as crianças têm apresentado e que se evidenciam nas relações sociais: distúrbios de comportamento, bulimias e anorexias, insônias e depressões, dificuldade no aprendizado escolar, agressividade e passividade excedente, transgressões reiteradas que podem caminhar para posições perversas diante da lei, a assim chamada hiperatividade, compulsões e impulsões fora de controle e por aí vai. Esses distúrbios já chegam prontos, estruturados, dificultando qualquer intervenção.

Um pai que se inibe como homem frente à sua mulher, mãe de seus filhos, que não cuida devidamente dos seus anseios sexuais, permitirá que filhos se façam deformar frente a um excesso de gozo materno, justo onde falha a presença efetiva de um pai, como um homem desejante. Veja bem: um pai funciona na triangulação com a mãe e o filho como fiel representante da lei simbólica, lei que interdita a relação incestuosa da mãe com o filho. Por alguma razão particular, você resiste nesse ponto de interdição por onde os limites necessários seriam colocados.

Pai não é nem o genitor nem o provedor. Menos ainda o educador. Um pai é pai no regime da função de separação da criança e sua mãe. O importante será saber *como* um pai se sustenta, como ele intervém nessa relação. Quando você insiste em ser um bom pai, por algum razão, resiste justo nesse ponto de interdição por onde os limites necessários seriam colocados. Seu filho está disputando com você a mãe - diga-se, sua mulher, mãe de seu filho. Por quê? Porque este filho é você. Trata-se de um desejo infantil que permaneceu adormecido em seu inconsciente e atualizado na relação de seu filho com a mãe dele. Essa que teria sido sua mulher, e não sua mãe.

Vamos situar suas reais dificuldades paternas. Esqueça, por favor, a história de querer ser um bom pai. Pai é pai, cada um se faz tecer em sua versão paterna. Pai é uma função inconsciente que recusa toda e qualquer abordagem consciente que advenha pela via do conhecimento. Por isso mesmo é impossível ensinar alguém a ser pai, um bom pai. Você é médico, afeito ao discurso da ciência, talvez tenha dificuldades de entender isso: pai é uma função que nada tem a ver, por exemplo, com a do genitor.

Reafirmo que você está nessa estrutura familiar como irmão mais velho, bonzinho, carinhoso, que quer ser amado. Você foi buscar respostas nos livros, especialistas, nos amigos, no entanto elas sempre estiveram dentro de si mesmo. Quando o assunto é pai temos que tomar muito cuidado com os chamados "especialistas". Ninguém poderá lhe ensinar como e de que maneira agir para que você mesmo possa se pautar como um bom pai. Ao querê-lo, você erra, de saída. Você quis ser um bom pai e se esqueceu de si mesmo. Nunca, em hipótese alguma, deixe de ser você mesmo.

Mas há um dado positivo em sua carta. Você teve a dignidade de se mostrar falho no exercício de sua função de pai, de tornar público esse ponto que é tão importante na estrutura das famílias e que, certamente, são os fatores mais patogênicos que levam nossos filhos a adoecer. É uma atitude digna e corajosa, porque esse é realmente um sintoma da nossa atualidade de pais inseridos numa modernidade que não cessa de pedir por novos argumentos.

Você está em crise e não é algo simples que se possa resolver com conselhos ou simples pontuações. E isso não é mal. A criança que te habita pede para falar. Mas posso afirmar que seu sofrimento é bom, é um pedido de escuta. Daí a necessidade de um longo tratamento analítico para que você possa redirecionar a função paterna, porque senão seu filho vai pagar pelo sintoma que é o seu. Você revela, a céu aberto, um cenário que jaz adormecido sob os lençóis de muitos casais que se mantêm silenciados. Muitos pais, por razões particulares, permanecem surdos e mudos em relação a essa sintomática tão evidente, que denuncia a frouxidão de um pai.

Por onde andam os pais? Veja que essa pergunta se coloca justo num momento em que nunca se viu pais tão preocupados, tão presentes na vida dos filhos. Incoerência? Não seria mais apropriado perguntar: o que aconteceu com a autoridade paterna? O que mudou? De que sofre essa reluzente função que outrora imperava tranquilamente, apenas com um olhar, um pigarro, ou a voz de uma mãe dizendo: "vou contar pro seu pai".

Posso afirmar que não é somente você que se encontra perdido. Realmente, quase todos os pais estão perdidos, sentindo-se sem lugar. Olhamos à nossa volta e vamos observar que, dia após dia, os pais encontram-se desalojados das insígnias que o demarcavam como o bicho papão. O que aconteceu com esse homem todo poderoso, os pais de antes que respeitávamos tanto? Teriam sido eles melhores pais que os de hoje?

Mas isso não o exime de sua própria falta, de sua carência como pai: o lugar e a função que um pai ocupa na família, suas formações familiares e sociais, é realmente algo cada vez mais difícil de ser ocupado. A autoridade paterna perdeu lugar para uma avassaladora responsabilidade paterna. Os pais de hoje estão em processo de desfazimento de sua virilidade frente a uma sociedade impregnada de um juridismo. Os deveres amputaram os poderes paternos. Leia sua frase, caro pai: você se encontra dependente de seu filho.

Como conseguir assumir a função paterna que é tão vital para um filho? A mãe coloca o filho no mundo, mas é um pai que verdadeiramente dá vida ao filho. Veja seu engano como pai: você quis ser *o* pai, um bom pai. O pai é uma função simbólica à qual todos aqueles que ocupam esse lugar estão submetidos. Querer se apropriar dessa função é introduzir um filho ou uma filha rumo ao adoecimento psíquico. Quando alguém quer ser verdadeiramente o pai, é uma desgraça para a criança. O pai é uma função simbólica, somente isso. Ao querer ser melhor, erra-se.

Vale ressaltar o caminho de retorno que deve ser realizado por você mesmo. Como está sua vida sexual com a tua mulher? Porque aqui reside o ponto crucial. Há sujeitos que se casam, têm filhos, e a vida sexual passa a ser um problema para o casal. Trata-se de um momento difícil de ser ultrapassado, pois são muitas as fantasias familiares que emergem tanto num quanto noutro. Há impedimentos e proibições psíquicas que os levam a buscar sexo fora de casa. Quando o casal esfria sexualmente, os filhos adoecem. O investimento libidinal dos pais migra para a criança. Por que um filho invade o quarto dos pais, a cama dos pais? Justamente porque a porta está aberta. A abertura da porta do quarto do casal é causa de distúrbios psíquicos nas crianças. “E isso aí!”

Filhos bons e bacanas

“Sou uma mulher bem casada. Eu e meu marido nos amamos e respeitamos.

O problema é comigo, doutor, e nada tem a ver com o casamento, embora meu sofrimento esteja afetando minha relação conjugal, principalmente no que diz respeito ao sexo. Coisa que não havia antes, porque sempre gostamos de fazer sexo.

Há pouco mais de um ano, tivemos nosso primeiro e único filho. Menino bonito e saudável, muito comunicativo. Algo estranho vem acontecendo comigo, pois de quatro meses para cá, venho me distanciando de tudo, não sou mais a mesma na profissão, nos relacionamentos e com meu marido que tanto amo. Uma espécie de frieza vem tomando conta de minha vida.

Comecei a ficar mal quando meu filho passou a gostar de outras coisas além de meus cuidados, como sair com a babá, aceitar bem ir para a creche, gostar de frequentar a pracinha com outras crianças, ou seja, coisas boas, saudáveis. Não sou doida, sei, do fundo do meu coração, que tudo isso é muito bom para ele, é o que se espera para filhos.

De início, comecei a me irritar, ficava com raiva porque via que ele já não necessitava mais de mim, e isso começou a me entristecer. Senti que fiquei sem lugar, não tinha mais importância para ele. Tudo caiu por terra, vivo numa completa falta de ânimo, doutor.

Por vezes me ocorreu estar me sentindo traída por este filho que coloquei no mundo, e que amo tanto. O sentimento que não me sai da cabeça é que fui enganada.

Tenho vergonha de conversar com meu marido sobre os meus sentimentos, digo sempre que logo irá passar. Sempre fui uma mulher forte, sempre enfrentei os problemas de frente. Agora sinto-me desvitalizada, sem forças para continuar. É normal uma mãe pensar que foi enganada pelo filho que já não precisa mais tanto dela? Estou com medo de mim mesma. Obrigada. ”

Como compreender que uma mãe sofra ao ver o filho dar os primeiros passos na vida rumo ao melhor? Que se sente traída porque seu filho estabelece um movimento de independência, fundamental para todos dessa família que se inicia? Isso é normal ou patológico? Nada disso, trata-se de uma questão ética!

Você deve conversar com seu marido. Fale com ele sobre o que está se passando, seus sentimentos, suas tristezas, sua dor. Não esconda nada, torne-o cúmplice, diga a ele sobre a seriedade da questão, pois está se deprimindo e isso pode agravar.

Procure ajuda especializada, pois você precisa falar com alguém que a escute sobre as razões de seu sofrimento em relação a separação de seu filho. Não minimize esse fato. Dê crédito ao que você está sofrendo, fale a partir daí, que é de onde nasce uma verdade sobre o teu desejo, um desejo desencontrado que pede por uma leitura, para que você possa se libertar das amarras da tua dor. Depressão significa que, por alguma razão que lhe é desconhecida, o sujeito não quer aquilo que deseja.

Você se apresenta como uma mãe que se ressente quando vê seu filho indo encontrar a própria vida. Por alguma razão, não está podendo ver que esse filho, ao se separar, carrega dentro de si algo da mãe, algo que fala de um grande gesto de amor.

Observa-se que há crianças mais soltas, mais seguras de si. Outras são frágeis, apresentam dificuldades, permanecem dependentes, grudadas em seus pais.

Qual o fator determinante, que possibilita o bom amadurecimento de uma criança? O que é, então, necessário para que filhos se soltem, se desgarrem e se tornem independentes? Que os pais possam provocar uma separação necessária em relação a seus filhos. É o que se espera.

Um filho avança na vida se realmente os pais conseguem tombar do lugar de pais idealizados. Isso tem um nome, é o que decide o futuro de cada filho: luto. Ou seja, pais podendo faltar nas relações com seus filhos, mesmo estando presentes.

Há que se construir o luto dos filhos, da infância, tão querida, tão amada – e isso está para pais e filhos - para que filhos venham, por sua vez, construir o luto desses pais. Vale dizer, o luto é uma separação, uma boa separação, que não deve ser contaminada nem de remorso, nem de abandono, nem de desesperança!

Para que um filho ou uma filha alcance uma vida mais saudável é preciso que se estabeleça uma separação que não seja conturbada, ressentida. O tombamento dos pais caucionа a liberdade dos filhos. É preciso se separar dos pais. Que cresçam e tenham espaço no sentido de alçarem seus próprios voos. É a confiança dos pais que inaugura a liberdade de ir e vir dos filhos.

Muitas vezes há dúvidas sobre se pais querem verdadeiramente filhos soltos, ou os querem sob suas asas. A atualidade tem mostrado que, mais e mais, pais têm dificuldades de se separar dos filhos.

Na experiência analítica, observa-se que mães carregam sentimentos de traição em relação ao filho que começa ter vida própria. Isso é razoável, porque durante algum tempo um filho habita o mais íntimo de seu ser, mora dentro dela, respira suas entranhas. Portanto, são fantasias legítimas, fantasias de mãe.

Pode acontecer que tais pensamentos não venham à tona, não são pensados, verbalizados e sim agidos, atuados pela mãe. Nessas situações, filhos pagam a conta, carregam em suas cabeças distúrbios como sentimentos de culpa, que vigem por debaixo das supostas dependências afetivas, drogas, cigarros, bebidas.

Sentimentos de pai não são os mesmos que aqueles de mãe. Pai se protege muito mais das dores de uma separação. Mãe é um constante vulcão em atividade. Uma mãe carrega seu fogo ardente, sempre em ebulição. Por isso, somente uma mãe pode sentir sentimentos tão paradoxais quanto os seus, sentir-se traída pelo próprio filho.

Como a maioria das mães, você quer um filho feliz, solto, desprendido. Uma mãe sempre quer o bem de seu filho. Mas que sentimento é esse que caminha no sentido oposto, contrariando todas as expectativas de um bom senso materno? A cabeça humana é feita de nós que dificultam qualquer entendimento racional. O movimento do progresso de seu filho implica que haja, realmente, uma boa separação, para que a criança se constitua como sujeito e tenha um futuro saudável. O problema é que você está interpretando o desprendimento de seu filho como um abandono, se fazendo abandonar.

Sentir-se traída, por si só, fala de uma incongruência lógica, da quebra da razão reflexiva. O nascimento desse filho reacendeu um traço de sua infância, adormecido, que remete àquela menina que você teria sido no desejo de sua mãe. Ela não se separou de você, num certo sentido há uma fusão das duas dentro de você, em seu inconsciente. Aceitar de bom grado a separação de seu filho é poder trair o desejo dessa mãe, que vive encarnado, em sua vida psíquica.

Tome esse sofrimento como uma boa questão, tire ensinamentos dele, a partir dele, pois você tem o que falar sobre sua infância. Tudo está adormecido, esquecido, guardado carinhosamente a sete chaves, no cofrinho de seus segredos de criança. A criança que te habita pede para falar, por isso seu sofrimento, sua mágoa, seu sentimento de tristeza, que a leva a sentir-se traída. É isso aí!

O amor é capitalista

“*Sou uma mãe preocupada com o estado emocional de meu filho de 18 anos pelo que ele está passando depois de terminar um namoro de 3 anos. Ele não quer saber de falar sobre o assunto com ninguém, dentro ou fora de casa, nem mesmo com os amigos.*

Sou professora e acompanho de perto o comportamento de jovens, sei o quão difícil é essa idade, daí minha hesitação: não sei o que é normal ou motivo de preocupação.

Meu marido considera exagero meu, que nosso filho está apresentando algo comum aos jovens e que vai passar com o tempo. Sei que os pais são menos sensíveis que as mães. Tenho esta experiência com pais na escola em que trabalho.

Meu filho era um adolescente alegre, estudioso, conversador. Dialogava até mesmo com sua irmã mais nova, tinha sentimento nas palavras, havia vida nos seus olhos, era um garoto disposto a vencer obstáculos. Atleta, bom nadador, preocupado com o corpo e com sua saúde. Agora ele não quer saber de nada. Vive trancado no quarto, perdeu peso, não fala, anda triste. Isso dói dentro de mim, já vi essa história com um tio, que vivia em depressão e deu fim à própria vida.

No início, não demos importância, achamos que ia passar com o tempo. Depois, ele foi piorando. Sua tristeza aumentou e isso já dura quase cinco meses. Já o levamos a um médico da família e nada melhora. Está cada dia mais trancado dentro de seu mundo. O pai tem insistido em conversar com ele, mas não consegue ajudá-lo a sair desse estado. Ele estuda muito, é bom na escola. Nunca houve problemas nessa área, quer ser advogado.

Ele gostava da garota, que tinha um gênio difícil, mas era boa menina. Meu marido encheu a cabeça do menino para terminar o namoro porque ela não era do mesmo nível social que o nosso. Ele brigava, discutia com o pai e mantinha o relacionamento. A gente via que ele estava feliz. Depois, acabou cedendo e terminou o namoro. Acredito que para fazer a vontade do pai.

Dirijo-me ao senhor para saber até onde devo realmente me preocupar. O que é normal no jovem e o que é doentio? Em situações como esta, quando devemos nos preocupar? Gostaria de uma orientação. Obrigada. ”

Um pai enciumado e desajeitado provocou uma catástrofe na vida desse filho. Meteu-se no namoro de uma maneira agressiva e descabida. O garoto estava indo bem, apaixonado, gostando da vida, descobrindo-se sexualmente, e lá vai o pai elefante, que dá uma rabanada pra cá, uma trombada para lá, estraçalhando os tênues sentimentos na flor de uma idade que está se fazendo adolescer.

O que esse pai quer de seu filho? Certamente o bem estar dele. Ele o quer, sim, mas a partir de seus valores e daquilo que julga melhor, a partir de si mesmo. É um homem prático, realista demais.

Temos aí um pai que reivindica uma "justeza" socioeconômica para o relacionamento amoroso de um filho. Para esse pai, o amor está arrolado às vicissitudes do mercado, de seus valores, de sua importância nas leis das trocas. Ele erra ao pedir ao filho que faça uma escolha condizente com seu *status* socioeconômico, dentro de um ponto de vista do ter, da posse, a partir de uma perspectiva mercantilista.

De todo modo, cabe perguntar: esse pai, ao intervir na relação de seu filho com a namorada, sabia o que estava fazendo, ao querer aplicar seu modelo ao filho? Mesmo sendo pai, ele teria esse direito? Não, mas...

Seria esse o caso? Deixemos de lado o desajeito do pai para então introduzir a seguinte pergunta: ele não teria lá razões que viessem a justificar tal invasão? Esse suposto absurdo em direção ao seu filho?

O filho acolheu o pedido do pai e o seguiu à risca. Ele, o filho, poderia muito bem ter lhe dado uma banana e seguido seu romance, já que estava tudo tão bem, tão feliz. Mas cedeu ao pedido e, se o fez, é porque também compartilha do ponto de vista de um amor capitalista, uma forma de amar que é apreciada pelo pai. Será que foi simplesmente para ser amado por esse pai? Uma identificação imaginária aos ideais do seu herói? Esse pedido, mesmo tendo causado o que causou, estaria de todo errado?

Uma família se estrutura dentro de uma lógica particular: seus valores, seus objetivos, seus ideais. Qual a cor do amor? Qual é o seu valor? Ele está, sim ou não, conectado a algo, a um objeto de trocas?

Podemos acreditar que um fato, por si só, justificaria tal rombo em sua vida emocional? Pode ser que haja outras variáveis, outros fatores que façam parte do processo e que já estavam lá, à espera de um fator desencadeante. O rompimento da relação amorosa, em todo caso, não justifica o quadro depressivo.

Seu marido parece um pouco sem jeito para lidar com sentimentos. Pelo que a senhora diz, ele é melhor nos negócios. Temos hoje maridos incapazes de sustentar um sucesso profissional, que gozam em seus fracassos repetitivos.

A senhora, como mãe, não está errada em se preocupar com o sofrimento de um filho. Parece-me que talvez esteja com dificuldades de se aproximar desse filho imerso na dor de existir, de chegar perto daquilo que o atormenta: seu estado depressivo, melancólico, tinto de autoacusações. Esse adolescente está se fazendo nocautear pelo sentimento inconsciente de culpa. De que ele se culpa?

Ele é jovem, vive em um mundo interno que é ao mesmo tempo habitado por horizontes incríveis e por barreiras sufocantes. Eis o problema maior na empreitada inicial: como levá-lo a se livrar das amarras? Como abrir portas para que, no mínimo, ele mesmo o possa querer? Que ele possa empenhar-se em sair desta? Quem irá se aproximar desse jovem em crise?

Penso que somente a senhora poderá dele se aproximar e fazê-lo voltar. A senhora tem a chave, o mapa e o código de rota. Vá até ele e foque no ponto sensível de sua dor, em seu desprezo com ele próprio e com os seus, e em seu descontentamento com a vida. Nesse ponto de perda ele fala outra língua, que é diferente da convencional, do seu dia a dia. Uma língua cifrada, na quebra de uma dor, que abre para um se fazer abandonar: são palavras doídas de perda, moídas nos tremores de uma insegurança, embaladas no medo frente ao vazio de uma escuridão.

Procure escutá-lo. Deixe que ele fale. Que ele fale do ódio dirigido à figura do pai e de como está se sentindo, para chegar a algum ponto em que habita uma verdade que quer falar e não consegue, porque se encontra abafada, amordaçada, sem voz. Ele necessita se reencontrar nas fantasias de ódio em relação ao pai. Nada de remédios, pelo menos nesse momento, pois eles podem mascarar o que há de precioso na origem do sofrimento psíquico. Mergulhe fundo em seu desamparo. Dialogue com ele a partir da língua que profere, a partir do ponto de seu sentimento de perda. Não há risco algum de uma passagem ao ato suicida, pois ele consegue manter muito bem seu vínculo com os estudos. Mas ele precisa falar. Por quê? Porque ele não se separou dessa garota, ele carrega consigo um pedaço dela, que permanece nele, do qual está difícil se soltar. Mesmo que a adolescência se caracterize como uma turbulenta transição, sua preocupação com seu filho se justifica. Que sofrimento ele está carregando dentro de si que o faz viver uma vida de tristezas sem fim? Uma vida sem vida, uma vida cinza, nebulosa, amarga? Muito cedo uma proximidade perigosa com os desígnios da dor de existir.

Teria havido um fato desencadeador? O que ele sente e sofre dessa tristeza é resultante do desenlace amoroso? Ele está apresentando um quadro depressivo em função do rompimento com sua namorada ou a ruptura teria servido apenas como um álibi? "Eu caí na depressão porque fui induzido a deixar a garota que amo ou para sofrer essa dor que teima em não me deixar viver? Eu provoquei a ruptura?". Aqui, a separação amorosa não seria causa, e sim consequência. Uma inversão lógica que só a mente humana é capaz de explicitar. Um viés paradoxal da lógica: para que eu goze no sofrimento da dor de separação não sustento uma relação que se diria amorosa.

Houve uma quebra. O garoto caiu em desgraça consigo mesmo, as coisas não têm mais graça, ele está ruminando sua dor infinita, está identificado ao objeto perdido, melancólico. "Meu pai roubou de mim o que eu tinha de mais precioso, me deixei esburacar, estou em perda". Será que sabemos ou alcançamos o que é viver nas trevas de uma perda, de um se fazer abandonar adolescente? Na maioria das vezes sofremos o afeto penoso da perda e não o pensamos, não colocamos em palavras, não construímos o mínimo de saber sobre ele. Não sei se pude ajudá-la, mas foi o que pude dizer. É isso aí!

Meu marido parou: eu fui e ele ficou...

“*Caro doutor,*

Perdi a estima e o orgulho pelo meu marido. Sofro cada vez mais em silêncio. Só converso com meu ginecologista - que quer me passar hormônios - e minha terapeuta, que diz: "você é uma mulher jovem, rica, inteligente e bonita, homem não vai faltar". Se fosse tão simples assim, eu já teria feito algo há muito tempo.

Eu amava meu marido acima de qualquer coisa. Era uma mulher apaixonada, somente sua presença preenchia minha vida. Hoje vejo que era um preenchimento de uma carência que eu mesma desconhecia. Fui me afastando, tudo foi perdendo a graça, não enxergo nele mais nada que me agrade.

Sou casada há 11 anos e mãe de um lindo casal. Até os primeiros quatro anos de casada eu era louca pelo meu marido. Ele me ensinou muita coisa, fez despertar em mim um gosto pela vida sexual. É um homem bonito, com um corpo invejável, e o sexo era bom. Apesar disso, nunca cheguei ao orgasmo. Mas depois, sempre me satisfaço sozinha.

Agora, não tenho mais vontade de ter relações sexuais, faço apenas o dever de mulher casada. Antes, eu era louca para ficar com ele. Enciumada, marcava território. Não deixava mulher nenhuma chegar perto. Tenho saudade daquela que sentia ciúmes. Parece que ela tinha mais vida.

Ando sem paciência, o acho pequeno demais, bobo, sem atrativos. Ele era um gigante para mim, minha referência. Hoje, minha vida de casada é de aparências. O distanciamento é progressivo, e parece que não tem mais volta. Pensamentos não faltam com outros homens, mas tenho sido fiel. Ele não percebe nada.

Cresci muito na minha profissão, saí debaixo de suas asas, e ando com vontade de voar mais alto. Gosto de ler, estudar, de progredir na minha carreira. Ele me critica, diz que sou muito ambiciosa, que sempre quero mais. Diz que estamos bem com o que temos, só vê o lado material das coisas.

Minha ambição hoje é pela vida. Tenho avançado profissionalmente, ocupo cargo de chefia, tenho vício pela leitura. Mas meu marido ficou parado no tempo. A impressão que tenho é que ele é igual àqueles relógios antigos de parede: quebrado, com os ponteiros sempre no mesmo lugar. Parece que morreu e está esperando a hora de ser enterrado. Constato que nossos valores não são mais os mesmos. Não se interessa por nada: não quer ler livros, não quer discutir filmes, no social ele só bebe e fala de futebol.

Já fiz de tudo, conversei, briguei, e não adianta. Ele diz que tem as convicções próprias e não vai mudar. "Se me quiser, é assim". É lógico que o senhor irá me perguntar: se é dessa maneira, porque ainda está com ele? Eu já me fiz esta pergunta, e não saio do lugar. Acredito que haja outras saídas: ele é um bom pai, e eu gosto de família. Suporto bem as coisas. É possível que eu viva o resto de minha vida assim. ”

Você afirma que não quer se separar, seguir os conselhos de sua terapeuta. Separar é fácil, permanecer casada e arriscar mudanças possíveis dentro do casamento, aí é que são elas. Digo isto porque tudo irá depender de você mesma, de sua sabedoria, de sua perspicácia e sedução feminina. Você esta disposta a reinventar seu homem?

Você não está sozinha nesse seu desencontro conjugal. Parece que existe, sim, uma epidemia de apatias nas relações. Elas estão anêmicas, esmaecidas de virulência afetiva, de investimentos que possam trilhar o ritmo de uma temporalidade maior, de longo prazo, como se a morte tivesse se antecipado, provocando distanciamentos, desinteresses e separações. Temos tido muito pouca tolerância entre um e outro, e não se sabe bem onde isso vai dar.

Mas não devemos acreditar que a coisa seja tão simples assim, dicotômica. Você, de um lado, com suas verdades de uma mulher com as chaves do progresso, e seu marido, do outro, esperando a morte chegar. Ver o relógio parado, somente no outro, é simples. Você até tem argumentos para justificar suas queixas, ainda mais em relação à posição em que se encontra o homem na modernidade.

Você disse que o problema todo está em seu marido. Um homem parado no tempo, que ficou aprisionado no cansaço de seu próprio entardecer. Mas, e se você estivesse falando de uma questão também sua, por onde você mesma se embola, como uma mulher que desperta muito cedo, de olhos abertos voltados tão somente para o seu crescimento profissional, para jamais olhar e se questionar, por exemplo, por que não alcança o orgasmo? Veja como as coisas são complexas.

Um relacionamento sem crise é mera utopia. Nunca devemos abafar uma crise, temos, sim, que fazê-la falar. Ela é uma eterna fonte de ensinamento, como escutá-la é que é a questão. Uma crise é um pedido de leitura, de renovação. Ela fala uma nova língua, que carrega uma mensagem a ser decifrada. Porta códigos e sinais que nascem de uma profunda transformação cultural. Se não fosse isso, como explicaríamos todo este pluralismo de relações entre seres humanos?

Sempre que se faz a opção pelo casamento com objetivo de ter filhos e de constituir uma família, é preciso batalhar, criar novos instrumentos de convivência, construir uma união que não seja idealizada em direção a uma tolerância mútua. Não podemos deixar de dar corda no relógio. Um casamento necessita ser oxigenado, desperto, bem cuidado. Há que se revitalizar, no dia a dia do casal, os laços amorosos e sexuais.

Não é fácil administrar uma relação em que um e outro possam caminhar e conquistar novos valores, particulares, mantendo, ao mesmo tempo, uma convivência, onde o amor e o sexo compartilham cama e mesa, com crescimentos ou não, profissionais. Só viver, já um inferno. Viver a dois, são dois infernos.

É importante a necessidade de um casal de se fazer permitir a entrada do novo. Como administrar algumas inovações, dentro do próprio casal? Homem e mulher precisam ter a capacidade de se deixar ou de se fazer surpreender. Quando não há mais lugar para as surpresas dentro de uma relação, a coisa vai mal, exala desgaste.

Porque você precisou chegar a esse ponto limite? A distância pode se ampliar de tal maneira que tudo se torna irreconciliável. Era isso mesmo que você queria, deixá-lo para trás? Ele lhe serviu para algumas coisas. Aliás, ainda lhe serve. Justo porque você não alcança um orgasmo sexual, se "esqueceu" de dar corda no relógio?

Eu pergunto se você realmente quer mudar alguma coisa nessa vida de casada. Se está disposta, ou se pode pagar o preço de uma mudança. Essa situação, até onde chegou, não lhe é cômoda? Parece que te convém, e não sei se está disposta a mudar o rumo de sua relação. Pode ser que você deseje continuar gozando numa insatisfação.

Não podemos esquecer que nunca gozou na cama com seu marido. Você carrega dentro de si um relógio que não marca suas horas. Não existe nada mais triste que um relógio parado, sem vida. Certamente, você tem medo de gozar. É muito comum as mulheres recearem avançar um pouco mais, pois há um medo inconsciente de se alcançar o gozo sexual.

Elas têm, em sua fantasia, uma estreita vinculação do gozo sexual tanto com a loucura quanto com a morte. Por isso no ato sexual algumas vão somente até um ponto. Há a presença maciça de uma angústia de morte que é traduzida, no plano consciente, por um sentimento de aflição. Até aqui eu posso ir. Eu me satisfaço com uma promessa de gozo. O vazio, o buraco, me causa pânico. Necessito ter as rédeas de tudo e ter o controle, pois assim, não caio em um precipício. Deixar um espaço incompleto para insistir na queixa.

Você afirma que não quer se separar e que deseja encontrar outra saída para sua relação conjugal. Como podemos instigar esse relógio, no sentido de se fazer sensibilizar com o tempo do desejo? Não dá para ficar parado. Qual a sua parte nesse descompasso conjugal? O relógio não parou por si só, talvez você tenha se esquecido de alimentá-lo.

Mulheres têm avançado com um verdadeiro furor. Elas foram impedidas na cultura, na política, na economia e no campo do desejo durante séculos. De repente, iniciou-se uma abertura e elas tomaram a frente de tudo e de todos. Hoje, não suportam que seu homem possa se contentar com pouco. Sempre querem mais.

As mulheres poderiam reinventar o homem. Cada uma em sua particularidade, tem condições de acionar seu homem, se realmente souberem introduzir a falta. Elas vão ensiná-lo a resgatar a dignidade de seu lugar pelo viés do amor. Se amar é dar o que não se tem, esse ponto de falta será a única porta de entrada para o homem se fazer resgatar como homem.

Faça uma experiência: saia com algumas amigas de trabalho, dessas do tipo que também têm avançado na vida, que frequentam livrarias, que leem bons livros, que vão ao cinema, ao teatro, que falam coisas interessantes. Encare-as, frente a frente, e olhe dentro de seus olhos. Você verá uma cena familiar: um marido cansado, sem desejo. Olhando ainda mais fundo, você verá uma cena espetacular: um relógio antigo, de parede, com os ponteiros fixados sempre na mesma hora. Esse é o retrato do homem hoje, cansado, sem desejos de continuar. Os homens morreram e necessitam urgentemente ser reinventados. É isso aí!

Marido que traía

“ *Estou viúva há dois anos. Meu marido morreu de morte súbita, aos 41 anos de idade. Tenho 35 anos e dois filhos pequenos, que ainda sofrem com a perda do pai.*

Meu ex-marido era bom pai, cuidadoso, amigo das crianças, mas me traía, até com amigas próximas. No inventário fiquei sabendo de muitas coisas. Engraçado, ele precisou morrer para que eu soubesse de suas aventuras, de como era mulherengo e costumava assediar as mulheres que eram próximas de nós.

Confesso que não sei o que se passava comigo, onde eu estava enquanto mulher, não enxergava o seu olhar para mim. De verdade, eu acreditava que estava tudo bem entre nós, tudo ia muito bem, a família caminhava. Parece-me tudo muito estranho! Hoje vejo que eu não me sentia como uma mulher. Estava sempre preocupada em ser boa dona de casa, boa mãe para os meninos.

Carrego um misto de dor e de liberdade. Acho que foi melhor assim. O problema é que quando penso nessas coisas, fico mal com esse pensamento. Talvez eu goste mesmo é de sofrer, só pode ser isso.

Ultimamente tem me ocorrido o desejo de conhecer alguém, um homem. Sou uma mulher bonita e sei que sou paquerada, por homens e mulheres. Isso me paralisa. Logo vem o sentimento de culpa e de traição, sinto que estou traindo o pai de meus filhos, que foi o único homem com quem tive uma vida sexual. Minha analista diz que é cedo demais, que devo esperar o defunto esfriar para melhor elaborar a morte dele, fazer o tal do luto, e depois procurar alguém.

Não faço outra coisa senão trabalhar e sufocar meus filhos, o que não é bom, disso sei até demais. Mas mãe é mãe, ainda mais quando não se tem ninguém para dividir uma vida amorosa.

Minhas amigas me aconselharam – aliás, já estou aprendendo – a procurar um parceiro pela internet. Venho de uma educação tradicional, tenho medo. Conheci meu marido através de uma prima, me apaixonei, e me casei com ele. Minha questão é se essa busca eletrônica, virtual: é segura? Fico mal quando penso em encontrar alguém desconhecido, de quem nada sei a respeito. Não estou dizendo com isso que quero garantias! ”

É sempre assim: quando alguém não consegue querer aquilo que deseja, só consegue ver as coisas depois. A traição estava na sua frente e, por alguma razão, que lhe é desconhecida, você não conseguia enxergar. Se o fato em si não a incomodava é porque isso lhe dizia respeito, você estava implicada na história.

Qual a sua parte nessa trama que denota o furor de seu marido junto às suas amigas? Ele apenas realizava um desejo que era o seu, nada mais que isso. Mesmo sem saber, você tomava por empréstimo sua virilidade.

Nem mesmo era por causa de seus filhos e de seu trabalho, que você não o desejava numa outra condição, pelo contrário. Justo para não se fazer abordar sexualmente pelo seu homem, você se deslocava para eles. Esse pacto é comum em alguns casais, logo depois do nascimento de filhos, uma espécie de santificação do laço matrimonial, o sexo é maldito, sujo. Trata-se de uma manobra corriqueira de escamotear o sexo da vida de um casal, de manter o sexual fora do casamento, amputando o desejo numa relação conjugal, tudo em nome de um suposto amor. O mais grave, é que você não sentia falta do desejo sexual, e isso lhe era confortável.

Não existe um culpado nessa história. Alimenta-se, aí, uma anorexia sexual entre pai e mãe. Cada um segue gozando de uma maneira específica. O pai vai gozar fora, com outras mulheres. A mãe vai gozar dentro, com os filhos. Trata-se, de todo modo, de uma relação de cumplicidade, onde não há um sem o outro.

Pode-se dizer que, de alguma maneira, você usou seu marido para alcançar algum traço de feminilidade que a vida lhe ficou devendo. Certamente você não recebeu de sua mãe insígnias de uma feminilidade. Uma mãe é esse bom espelho que permite que uma menina se torne mulher. Corpo de fêmea não coincide, necessariamente, em ser mulher.

As investidas de seu marido em outras mulheres era o que lhe convinha em sua dificuldade de assumir-se como mulher, na relação com um homem. O seu desejo, em sua errância de garota interrompida, era realmente que seu marido tivesse outras mulheres. Mulheres próximas e amigas, escolhidas a dedo. Isso você pedia, apreciava, propiciava, criava as condições necessárias, a serviço de uma feminilidade velada.

Nesse sentido, é fundamental que você se pergunte qual a sua participação nesse cenário conciliatório. Ele não estava só. Você exigia esse personagem dele.

O grande problema é essa sua indiferença enquanto mulher, na relação com um homem. Um sofrimento que você mesma não sofre, não tem consciência, isso não a incomoda. Mas, se você mesma não se questionar sobre essa sua indiferença sexual, a mesma história se repetirá.

O erotismo entre um homem e uma mulher é o que sustenta a relação de um casal, marido e mulher, pai e mãe. Conjugalidade. Você quer saber que caminho tomar para conhecer um homem, arriscar-se numa relação de amor. Esqueça tudo aquilo que você já aprendeu sobre relacionamento. Jogue tudo fora. Inicie do ponto zero: o de uma adolescente, na sua realidade atual. O que você já viveu não serve para nada, a não ser para continuar enganando a linda mulher que te habita. De quem você começa a sentir falta, sentindo-se em falta com ela, podendo sentir saudade daquilo que teria sido. Você é uma menina-mulher que não desabrochou na sua adolescência, pois o dever familiar, a norma social, a ordem moral, talvez até de cunho religioso, fez sucumbir seu desejo feminino. Você conseguiu se tornar mãe e até uma boa profissional, mas a sua voz, enquanto mulher que deseja ser desejada por um homem, há muito está calada.

O amor está em todos os lugares. Como servir ao amor, servindo-se dele? Separar o que serve e o que não serve? Mas, antes, como chegar a ele?

Suas amigas disseram que o caminho é aquele da rede, através da *internet*, ou seja, o que está na moda, muito mais fácil. Mas, de todo modo, é um mundo desconhecido. E você está reticente, com medo do desconhecido e quer, portanto, garantias. O que aconteceu em seu casamento, tudo sob controle, cheia de garantias, inclusive, sexual? Deu no que deu.

Mas a *internet* não precisa ser a única via. O fundamental é que você saiba realmente o que quer de uma relação, o que deseja. Você terá algumas decepções pelo caminho. O mundo virtual é permeado de palavras e imagens. As palavras veiculam todas as promessas possíveis, portanto, cuidado. Temos, aí, todos os tipos de golpes. E eles estão cada vez mais sofisticados, inteligentes, elaborados.

A *internet* é um meio que viabiliza um encontro como algo mais abrangente, que se caracteriza por um tempo moderno. Um tempo que quebra, temporariamente, as inibições de um demandante. O navegante pode dar um passo a mais e pagar para ver. A rede virtual traz para perto aquilo que é de uma amplitude incomensurável. Um tempo diverso, versátil, e rápido.

Até pouco tempo, quando não existia a *internet*, o primeiro encontro realizava-se através de uma aproximação pessoal, de uma apresentação, de um conhecer-se mutuamente. O olhar, os primeiros diálogos, a pele, a química. Alguns dados do rapaz, da moça, sua história, sua origem, um traço, nem que fosse a voz. Além do padrão socioeconômico.

Se tal encaminhamento daria certo ou não, essa é outra história. De todo modo, o desejo de escolha, de alguma maneira, estava ali, explícito ou não, colocado à mesa: o que vai ser? O encontro era, então, condicionado pela apresentação: um olhava o outro. Tudo dependendo da subjetividade, da cabeça, das referências históricas de cada um, do futuro de possíveis amantes.

Erros nas escolhas sempre existiram. Como também, acertos. É possível que haja uma diminuição da margem de erro. Para isso pensamos, refletimos e analisamos nossos anseios frente ao outro.

No caminho de uma escolha, são vários os fatores que entram em jogo. Sexo, semelhanças de posição socioeconômica, sintomas – por exemplo, pessoas que escolhem a partir de uma posição subjetiva marcada pela carência, de vítima, sádica, masoquista, penalização do outro, humildade excessiva – etc. Portanto, são as variáveis de pólos que estabelecem os móbeis de um encontro amoroso.

Por quê o medo do caminho virtual, se você mesma passou por uma experiência tradicional, até mesmo familiar, e escolheu um homem que a traísse, pois vivia uma sexualidade deprimida, uma sexualidade comprometida com a maternidade?

A *web* hoje é um caminho novo. Ela abre portas para todos os tipos de encontros virtuais que poderão, ou não, se tornar uma realidade. Temos uma modernidade à flor da pele, um encurtamento de tempo e distância criando condições de alcance maior. Inclusive de surpresas e riscos. Resta saber como administrar aquilo que se deseja. Você, e somente você, deverá monitorar a rede. Tudo irá depender de sua vitalidade psíquica.

Não devemos julgar os encontros que se processam via *internet*. Os encontros, que aí se verificam, estão cada vez mais sofisticados, e eles próprios clamam por uma diminuição da margem de erro. Por isso mesmo, existem câmeras que permitem que se vejam melhor as coisas. Como em outros tipos de encontros, há erros e acertos.

Mas quem comanda a rede? Quem dará as cartas? É você, minha cara. Nada de vitimar-se, insista. Quantas vezes for necessário. O importante é que você dirá o que serve ou não serve, o que quer ou não. Você irá fazer valer a lei. Desconfie, use o bom-senso, seja exigente. Em todos os balcões existem mercadorias boas e ruins. Saiba, portanto, escolher. É isso aí!

Quando se deve ou não ter um filho

“ *Caro Doutor*

Sou diarista de casas de família e uma das patroas sugeriu que eu trocasse algumas ideias com o senhor. Não sei escrever muito bem. Então fui falando e a madame teve a paciência de ir escrevendo, ajudando-me a colocar meus pensamentos nos devidos lugares.

Tenho 34 anos mãe de dois filhos. Um rapaz com 18 anos e uma menina com 15 anos. Sou uma pessoa pobre, moro no morro, mas sou uma pessoa honesta. Dou duro na vida, trabalho feito uma louca porque nunca quis que meus filhos passassem pelo que eu passei. Dizem que meu maior defeito é ser muito orgulhosa. Sou filha única de mãe solteira. Ela tinha 16 anos quando me colocou no mundo. Nunca tive pai.

Eu não queria repetir os erros que minha mãe cometeu. Mas é na vida amorosa que eu me ferro. Fiquei grávida com 15 anos de idade. O cara sumiu e não quis saber de nada. O orgulho não me deixou botar a justiça atrás dele. Eu não queria ter filho nas mesmas circunstâncias que a minha mãe teve. Na época, eu estudava e trabalhava. Pessoas de bem me aconselharam a não ter o filho, pois ia acabar com o meu futuro. Minha mãe é muito religiosa e sua voz pesa demais dentro de mim. Deu no que deu. Este filho, hoje com 18 anos, só me causa sofrimento. Ele não vive mais em casa, se desencaminhou. Desde os 14 anos vive lá com gente metida com drogas.

Veja como o destino é cruel comigo: três anos depois, tive uma menina que também ficou sem pai. Todos os meus namorados iam embora por causa da minha condição de mãe solteira. Aconteceu de eu ter algumas relações sexuais com o marido de uma de minhas patroas e tenho quase que certeza que ele é o pai desta minha filha. Quando ela não estava por perto, ele dava em cima de mim. Ele dizia que tinha carência de sexo com a esposa. Depois de algum tempo, quando ela desconfiou da minha gravidez, me despachou. Meus dois filhos não têm pais. Eles vieram sem que eu quisesse. Eu não queria ter filhos, pois não era casada. Coisa de menina mal orientada.

Agora vem o problema maior, que me leva pedir sua orientação. Minha filha de 15 anos resolveu se soltar na vida. Eu acreditava que tinha as rédeas seguras nas mãos. Olha só que desgraça, doutor, veja o que o destino aprontou comigo, e com ela também. Ela abandonou os estudos e sonha em ser cantora de bailes. Veja só como a vida dá voltas que a gente nem pensa e nem vê: minha filha está grávida de um rapaz aqui do morro. Não quero que ela tenha esse filho. Não quero vê-la fazer o mesmo caminho que eu fiz. Meu racional e minha razão dizem que estou certa. Mas sofro só de pensar. Sabe aquela coisa de mãe? Ela está decidida, ela não quer esse filho, e muito menos com esse rapaz. Ela está mesmo é preocupada com sua "carreira artística". Sinto-me culpada de tomar tal decisão! Por que essa culpa, mesmo sabendo que vamos fazer o certo? ”

Você nos apresenta uma questão de extrema importância para problemas de família, a saber: sua filha, de 15 anos, está grávida e não quer esse filho. O que fazer diante dessa trágica notícia? Como lidar com situações tão graves como essa? O que fazer quando um filho ou uma filha, ainda adolescendo, provoca situação de risco, tal como uma gravidez precoce? Mais, ainda: numa situação onde nem mesmo tem uma relação estabelecida? Ter ou não ter o filho?

É lógico que tua pergunta encontra sustentação nos transtornos que te assolam. Você, seus filhos e, caso nasça esse neto ou neta, todos são frutos de gravidezes que aconteceram na adolescência, vale dizer, precocemente, não é mesmo?

A questão que você coloca nos convoca a pensar sobre o lugar que a família ocupa numa sociedade, sua importância, e de que maneira ela se constitui. Não é um problema simples, pois temos que levar em conta não somente o que um filho ou uma filha representam nesta célula elementar, mas também em que condições esses rebentos passarão a existir, em quais situações eles devem ou não ser concebidos. Podemos afirmar que a constituição de uma família não é um fato isolado. Não implica somente o encontro de um garoto e de uma garota, por exemplo. Há, de todo modo, um emaranhado de leis que permeiam a inserção do cidadão numa sociedade: família, sociedade e Estado interagem a partir da tessitura de uma responsabilidade diante da lei. Todas as leis, se quiserem! Não estou falando tão somente da lei do desejo, esta que está na base do encontro de um homem e de uma mulher e que se articulam, intrinsecamente, no inconsciente, de um e de outro. O encontro sexual é algo que convoca muitos elementos da história de um casal.

Quais as condições exigíveis para se ter um filho? Existiria uma regra, um padrão, um grau de tolerância, para que um uma criança venha ao mundo? Tolerância do Estado? Tolerância de um avô ou de uma avó? Da sociedade? E a da família implicada? Um rapaz, uma garota, isso por si só condicionaria o nascimento de uma criança? O que determina esse fato? Qual o ato que está na origem desse nascimento? Um simples agir impensado, uma descarga de fluidos? E a criança? Em todo caso, existe, sim, uma questão de responsabilidade frente a tal decisão.

Você me pede para ajudá-la a solucionar um problema que se traduz como uma verdadeira questão, e que deve ser colocada nos seguintes termos: quando é que se deve ou não ter um filho? Essa decisão tem como base algo que é, no mínimo, muito sério, e que talvez seja uma das questões mais importantes na vida de todos nós, pois ela toca fundamente o cerne de uma estrutura familiar. Mas aqui temos algo que desvia, atravessa e quebra todos os padrões de uma suposta coerência: trata-se de uma gravidez precoce. Assim as coisas se complicam ainda mais, pois chega mesmo a abalar e a desestruturar os alicerces de uma saúde pública, não somente no nosso país, mas em todos os países do mundo: permitir que a sua filha, ainda adolescente, tenha um filho? Quais as consequências dessa tomada de decisão

Pode-se detectar em seu discurso uma posição de coitada diante da vida, do destino. Você sabe que seu discurso de vítima não cola. Isso não é bom, não é nem justo consigo mesma, pois você mesma acaba por se machucar, fazer mal a si mesma. Você terá que encontrar um meio de parar, de dar um corte nessa posição vitimada diante da vida, de gozar como objeto diante do outro. Muitos poderiam dizer que a tua história é uma história triste e digna de pena. Uma pobre mulher obediente às tentações que se lhe apresentavam no desenrolar de seu dia a dia. E todos se compadeceriam de uma trajetória de vida que foi tecida pelo abandono e pelo desamparo. Uma história onde o personagem cumpre passivamente os desígnios de um atropelo, não restando senão sofrer na carne todos os tipos de dores e de desgraças que se repetem de gerações em gerações.

Você se coloca como a vítima que permaneceu apática frente aos desígnios da vida sem condições de escolher outro caminho, outro sentido, e que simplesmente não pôde fazer nada diferente! Sofrimento, todos nós temos. Uns mais, outros diferentes. Mas encontramos aí uma história que se repete e que ocupa a ordem do dia em nosso país, que já nos enche os ouvidos e que aponta para uma única conclusão: filhos indesejados. Uma história que foi costurada nos escombros de uma periferia social, que se traduz como insólita e maldita, e que não ofereceu ao sujeito chance alguma de tomar o leme e escolher uma nova direção para a sua vida. Somos nós que escolhemos esta ou aquela vida que vivemos ou somos escolhidos por ela?

Dizer que o destino foi cruel e que a vida lhe aprontou essa ou aquela injustiça, chega! São argumentos de quem quer gozar e não pagar a conta, ou seja, são ladainhas típicas de quem não quer se responsabilizar pelos seus atos. Pois você sabia muito bem no que isso tudo poderia dar, não é mesmo? Daí é que podemos introduzir: *de que maneira você vai introduzir uma lei mais efetiva em sua vida?*

No momento em que sua filha te convoca – diga-se, tal como você, quando adolescente e grávida, procurou a sua mãe e não obteve nenhuma resposta que a amparasse – você se exime e se acomoda numa divisão subjetiva, não sabendo o que dizer no sentido de acolhê-la. Diante de uma possível tomada de decisão, você se mostra dividida entre apoiar a opção apresentada por sua filha ou ceder em sua compaixão materna. Que mãe não sofreria os efeitos dessa ambiguidade? Quando você pensa friamente sobre o fato e avalia as possíveis consequências futuras para sua filha, você sabe com muita clareza qual caminho tomar. Mas, coração de mãe é coração de mãe. Entretanto, ninguém melhor do você pode dizer que não basta que um homem realize um ato sexual com uma mulher para se fazer um filho ou uma filha. O estatuto que rege uma nomeação de filho requer algo mais, pede por outros argumentos que se colocam para além do ato carnal em si. Os animais copulam e fazem seus filhotes. Um homem pode arrombar uma casa e forçar uma mulher a ceder seu corpo podendo nascer, desta violência, uma criança. Quando é que teremos, verdadeiramente, as insígnias de filho ou de filha? Quando, e a partir de quais elementos, teremos uma adoção efetiva, simbólica, por assim dizer?

Vamos seguir em frente e procurar qual é a melhor saída, qual seria a melhor solução? O que realmente devemos esclarecer é a sua particularidade nesta história: apoiar ou não sua filha nessa empreitada?

Como se não bastasse, e aí as coisas se complicam, tornando mais clara a gravidade do acontecimento: repetição de fatos, de uma geração para outra. Trata-se, portanto, de uma história de repetições ou de repetições de uma mesma história? Então, a questão não fica por aí, pois esta adolescente, grávida precocemente, tem, tanto em sua mãe quanto em sua avó, registros de situações sintomáticas senão idênticas, pelo menos muito semelhantes. Não sabemos, a carta não o diz, se gerações anteriores a de sua avó não teriam também sofrido os efeitos dessa mesma quebra de estrutura familiar.

Qual o lugar que a figura do homem ocupa em sua história? Parece mesmo que há um ódio em relação à figura masculina, originariamente à figura do pai. Certamente suas escolhas são feitas justo para não darem certo, para não durarem o suficiente para construir um cenário onde reine o mínimo sentido de realidade. São escolhas de cartas marcadas: eu escolho alguém para ter filhos só para mim, filhos sem a presença paterna, para manter uma relação incestuosa com filhos e filhas. Ou seja, nessa história familiar, o pai fica de fora, não é incluído como lugar de lei que possa barrar a relação incestuosa mãe e filho. Por que razão você não procurou ou não faz um esforço para encontrar seu pai? Por que você não vai atrás do pai de sua filha? Medo? Procure-o, faça justiça. Hoje temos leis que clamam por elucidarem questões como essa. Faça exames de DNA. E o pai deste filho que se entregou para o submundo das drogas, onde anda ele?

Você realmente está disposta a mudar os rumos de sua vida? Sua filha adolescente está grávida, e tanto você quanto ela têm que se virar com esse fato. Certamente vocês encontrarão uma saída para essa situação.

O preço a ser pago tem a ver com mudanças radicais na sua relação com a vida para que um fato como esse não se repita uma vez mais. Há, na sua história, e portanto, na de sua filha, uma forte angústia que jamais pôde ser colocada em palavras, e o que veio no lugar não foi outra coisa senão a gravidez precoce, ou seja, uma interrupção da sexualidade em seu porvir de uma maturidade. Isto deve ser colocado em palavras, em conversas com especialistas sobre esse ponto de sofrimento, onde você se vê ultrapassada pelo seu sintoma. Você viu que, ao falar para sua patroa que escreveu esta carta, as coisas se situaram. O tratamento para suas questões carece de palavras que poderão ajudá-la a colocar as coisas nos devidos lugares. Há tratamentos possíveis, até mesmo com ajuda do Estado.

Mas, então, o problema reside na seguinte questão: o que você vai trabalhar na sua cabeça e na da sua filha para que cesse a repetição? Isso sim, interessa a todos – a você, à sua filha e à sociedade como um todo –, pois situações como essa não somente causam dor a todos como também um enorme ônus à saúde pública. Custa caro a todos, você sabia? A pobreza, culpabilidade, a vitimização, a miséria psíquica tudo isto custa muito caro a qualquer país, a qualquer estado, a qualquer município.

Esta é a sua história, e você terá que se virar com ela. E tenho que respeitá-la, em todos os sentidos. Você a recebeu como historicidade de seus ancestrais, da mesma maneira que todos nós recebemos de nossos pais e dos pais de nossos pais. Qual sentido você pretende dar a ela? O que você pretende fazer com ela e a partir dela? Você realmente está em condições de olhá-la de frente, de experimentar mudanças, de pagar o preço que custa fazer diferente?

Quais as oportunidades que temos de mudar o rumo de uma vida? Eis a questão! Ou ficaremos naquela velha cantilena do eu nasci assim, eu fui sempre assim e, portanto, serei sempre assim?

Se você não desejar, ninguém poderá ajudá-la, porque ninguém poderá ajudá-la se você não se dispuser a se responsabilizar pela sua história, no sentido de assumi-la, de mudar seu rumo, se desfazendo dos nós e dos embaraços que te levaram a realizar coisas, a despeito de você mesma, jogando contra si mesma. Mudar o viés, retificar, reconstituir essa historicidade que, mesmo sem o querer, você recebeu dos seus ancestrais.

O interessante nisso tudo é a primeira reação que sentimos, é que você se apresenta a partir de uma história de vida cativante, que mobiliza em todos nós um sentimento de pena ou, se você me permite dizer, de piedade. Os analistas diriam que você se sente, de todo modo, reconhecida e amada na posição de vítima. Mas preste atenção: a vida por si só já é muito difícil de ser vivida, de ser encarada com um mínimo de dignidade. Imagine então viver uma vida nas circunstâncias em que você vive. Não vá tomar o que estou dizendo como um voto de solidariedade à sua posição social e econômica. Nunca aceite que alguém tenha pena de você.

O menino que não quer transar com camisinha. A menina que cede. Há que se aprender a dizer não. Mas o que está por trás? Um gozo atrelado à culpa. Então o sexo seria somente para fazer filhos? Pobres jovens que se fazem interromper em sua sexualidade, tão cedo. Pobres coitados!

Em todas as situações você diz que não queria repetir a história de sua mãe. Que não queria se fazer engravidar, ter filhos sem antes ter uma relação amorosa, para poder constituir família. Mas o que acontece é que, mesmo assim, você é levada a repetir a mesma história. O que fazer com esses demônios que nos habitam levando-nos a fazer coisas que nem mesmo pensamos ou queremos? Boas palavras! A verdadeira educação se inicia quando falamos abertamente com nossos filhos justo aquilo que deve ser dito. É isso aí!

Mamãe agora é gay

"*Estou num cruel dilema com meus filhos e sem saber o que fazer em relação à minha família. Depois que me separei do pai deles não consegui me relacionar com nenhum homem. Agora estou namorando uma mulher. E o pior, doutor, é que estou gostando. Estou apaixonada. Nunca havia me sentido tão bem numa relação amorosa. O que fazer numa situação como esta? Digo para meus filhos que agora sou gay?*

Como proceder? É importante que eles saibam deste meu relacionamento? Ou devo deixar de lado e seguir em frente com a minha vida? Sofro dentro de mim uma pressão sem tamanho. Sei que é coisa minha, pois não tem ninguém me cobrando nada.

Veja que loucura: eu que sempre tive uma relação aberta com meus filhos. De repente, encontro-me sem saber o que fazer, perdi minha espontaneidade. No momento em que mais me realizo como mulher, me constranjo, sou tomada por um desespero que me faz sofrer a pior das dores que já senti na vida! Parece que cometi um crime hediondo, minha cabeça encontra-se num turbilhão. É como se eu estivesse traindo alguma coisa dentro e fora de mim e não sei muito bem o que é. Só porque estou gostando de "ficar" com mulher? Mas eu não sou preconceituosa em relação à vida gay! Tenho amigos fora e dentro do trabalho que são assumidos.

Sou boa mãe, trabalho e sou bem reconhecida na minha profissão, ou seja, sou dona do meu nariz. Procuro educar meus filhos de maneira respeitosa, passo para eles a importância dos estudos, sempre procurando dar bons exemplos, a despeito do pai que escolhi para eles: um safado miserável, com cara de santo que vivia me traindo.

O que devo fazer? Como proceder com esta minha nova realidade? Estou no escuro e não estou vendo saídas para meus pensamentos, vivo um tormento, eles giram e retornam sempre para o mesmo ponto de dúvida. Minha preocupação é com o futuro de meus filhos. Pergunto-me se esta minha escolha sexual vai afetá-los de alguma forma. O que eu faço? Digo a eles "mamãe agora é gay"? O pai era muito preconceituoso, era preocupado demais com isto. Quando morávamos juntos, ele sempre fazia questão de dizer que não queria filho homossexual. Tenho medo dele, de que possa querer a guarda dos filhos. O que faço? Ajude-me, por favor. Muito abrigada.

”

Não se preocupe em relação a seus filhos. Cada um seguirá o rumo que melhor lhe aprouver. Sua escolha sexual de nada influenciará o futuro deles. O importante é que eles testemunhem uma mãe que deseje como mulher, tenha desejo, queira algo da vida além dos simples cuidados maternos, que se permita ser mulher. Isso é fundamental para o futuro de seus filhos. A lei da diferença sexual é simbólica, e é passada pela palavra, não pela anatomia do corpo. Você vê muitos casais heterossexuais e não sabe se seus filhos são saudáveis. Quanto ao seu marido, não há juiz que questionará a guarda de seus filhos em função de sua opção sexual. Você é séria, boa mãe. O que importa é lidar com essa escolha dignamente. Crie todas as condições possíveis para que esse pai possa se efetivar como presença paterna. Insista na boa relação de seus filhos com ele. Não permita que seu ressentimento ocupe lugares indevidos na relação dele com as crianças.

A questão é se você dirá ou não para eles que está vivendo uma vida gay. Essa é uma questão atual, de nossa surrada modernidade, e tende a proliferar cada vez mais, na medida em que a censura reinante em nossos meios tende a afrouxar em seu olhar antes tão algoz e cruel. Realmente não é fácil decidir.

Entendamos por outro prisma, isto sim é bacana, pois faz a coisa avançar. Você deve se questionar um pouco mais se quer se dizer realmente nessa nova condição de desejo. Por enquanto, o que temos é uma lua de mel, não é mesmo?

O que se pode dizer de uma nova opção sexual para seus filhos? Não há regras que diga o que se deve fazer. Dizer a verdade é o que se espera numa relação de pais com filhos. Nesse caso é uma questão ética, pois trata-se de assumir uma nova posição sexual frente ao outro e não permanecer no armário, gozando às escondidas. Sua questão é de um assumir-se, de um dizer-se para si mesma e para seus familiares e, nesse sentido, a verdade é por demais bem-vinda.

Qual é a verdade em jogo na trama do sofrimento que você nos apresenta? Posso dizer, sem margem de dúvidas, é que ainda encontra-se dividida em sua opção, isso ainda não está claro. Daí seu sofrimento, seu sentimento inconsciente de culpa, se fazendo acusar de ter feito algo errado, recriminando-se de uma maneira agressiva. Não sei como começou, se já existiam fantasias na adolescência ou por estar magoada com o que se passou em seu casamento, se é um revide em relação aos homens. Esse ponto merece um cuidado maior, talvez uma análise, não para uma cura, pois aqui não se trata de sintoma, mas tão somente para realizar uma leitura, tornar mais claro sobre o que realmente deseja numa relação, trabalhar esse preconceito que habita o mais íntimo de seu ser e que você desloca habilmente para o outro à sua volta. Você o afirma ao dizer "que não tem preconceito em relação à vida gay", esta é uma frase denegatória, que afirma uma verdade inconsciente pelo viés da negativa. Você diz que, por razões que desconhece, vai contra seu desejo, que não se olha com bons olhos.

Seus filhos certamente já percebem alguma coisa e talvez por saberem tanto sobre o que está se passando, necessitam fingir que não sabem. Assim, com seu silêncio sobre essa questão, salvam a mãe de um constrangimento em relação ao sexual. Sua mensagem passa também uma verdade que se esconde sob as vestes de uma mãe, que se permitia ocupar uma posição de mulher através das amantes de seu ex-marido.

Agora há uma mulher que deseja, um desejo que foge da norma prescrita pela sociedade, que brota às escondidas da responsabilidade de mãe. Portanto, uma mãe que deseja como mulher e não importa de que maneira. Os casais comumente se esquecem como homem e mulher. Um desejo que se propõe legítimo e que sofre perde a voz. Um desejo maldito, que não se sabe bem porquê precisou viver sob a tutela de uma mãe responsável sustentando um casamento vazado, roto, à custa de um sacrifício do desejo de mulher. Você deve se perguntar sobre sua participação no fracasso desse casamento, verificar sua autenticidade, sua legitimidade, falar sobre qual é seu verdadeiro desejo. Portanto, melhor esperar um pouco antes de falar com seus filhos, apesar de eles perceberem o dito e o não-dito por vieses inimagináveis. Há um desejo desperto dessa mãe enquanto mulher e isso salva os filhos.

No que diz respeito à vida psíquica, ninguém é gay, hetero, neurótico. Esse verbo deve ser substituído por “ter”. Parece que sua escolha ainda não está clara. Você está vivendo uma proibição muito mais dentro de si mesma. Pode ser que essa condição venha como uma ponte no sentido de construir o feminino dentro de si, de um tornar-se mulher. Existe um preconceito social, mas tudo dependerá de você frente à sua escolha. O peso maior está em você mesma. O sexo e suas variantes nas relações é algo contaminado de pudor e preconceitos. Esse é nosso mal-estar na civilização.

Quando se trata de desejo não existe uma regra sobre certo e errado. O que é da ordem do desejo torna-se incompatível com a norma preconizada pelo social, que emana da ordem pública e tece uma estrutura de convivência social. Você era casada, teve filhos, constituiu uma família. Agora encontrou um novo lugar para viver seu erotismo, sua vida amorosa e sexual. Como conviver com a nova realidade que se impôs?

Antes, não precisava se justificar. E justo agora você se encontra de bem com seu desejo, mas não sabe mais falar e encontra-se sem lugar. Nosso desejo tem um preço. Ninguém poderá lhe dizer nada, a não ser você mesma. Procure estar de acordo com seu desejo, rompa as barreiras que não cessarão dentro e fora de você. O psiquismo funda o social. Os preconceitos em relação a seu novo desejo estão dentro de você. Eles vêm de longe, de nossa história, de nossos ancestrais. A modernidade já nos apresenta questões como a sua e nos esforçamos em ignorar. Não queremos ouvir, falar, não queremos saber. A sexualidade humana é uma avenida de mão dupla habitada pelos fantasmas em sua diversidade constrangida. Vivemos num panorama social onde as estruturas se instituem como forma de impor as ditas maneiras de ser de alguma maneira, ou seja, formações, normas, moral: homem casa com mulher, mulher casa com homem. Mas agora tudo está mudado, não é mesmo?

Ajudei? Algumas luzes? Ou piorou ainda mais? Eu mesmo estou perdido, não estou seguro! É isso aí!

Ninguém escapa da mordida do lobo

“ *Doutor,*

Tenho 50 anos e moro na cidade de Vila Velha há 45. Sou casada e tenho uma filha de 17 anos que nasceu no dia 10 de março de 1992. Meu marido, desempregado na época, eu tendo que trabalhar fora para sustentar minha família, decidi que não teria mais filhos por conta da minha condição. Apelei para a ligadura de trompas. Após o período da licença-maternidade, minha filha então com cinco meses de idade, passou a ficar com várias pessoas. A primeira que cuidou dela foi a minha vizinha, que hoje é sua madrinha. Depois ficou com minha mãe, com empregadas e depois passou a estudar em uma escola perto do meu trabalho, assim poderia ficar um pouco mais com ela, pois ao término da aula eu a buscava, e então ficava comigo até o fim do dia.

Mais adiante, depois que cresceu e se tornou adolescente, aos 12 anos, voltei a estudar, deixando-a uma parte do tempo em casa, sozinha, pois o pai dela, a partir de 2005, voltou a trabalhar em tempo integral.

Após esse tempo, quando consultei uma terapeuta que trabalha com bioenergética, qual não foi a minha surpresa: minha filha estava apresentando um quadro de lúpus, um adoecimento vindo do stress. Buscando informações a respeito, cheguei à conclusão de que após todos esses anos que minha filha viveu aqui e ali, sem minha presença, isso acarretou esse problema, que hoje eu vejo como consequência de minha ausência. Sofro muito com isso. O que posso fazer para remediar essa situação?

Procuro dar muito amor à minha filha, muitos beijos e abraços, mas penso que não é o suficiente. Ajude-me, por favor... ”

Você se recrimina pelo adoecimento de sua filha, creditando às suas faltas a eclosão de um quadro clínico que foi diagnosticado como lúpus. E, se não bastasse, você também se acusa de ter tido somente uma filha, como se tivesse cometido algo muito grave por não ter oferecido irmãos para ela. Ao afirmar que a doença que sua filha sofre na pele é uma consequência direta das suas ausências, certamente você se coloca aí, nesse acontecimento traumático, como a única causadora de todo sofrimento dessa jovem adolescente.

Mas será que é assim mesmo? Acredito e, portanto, acho mais saudável, que as coisas possam e devam ser colocadas de outra maneira. Você mesma acha justo colocar-se tão culposa e como única causadora da doença de sua filha? Vamos ver! Pode ser que as coisas não sejam bem assim, e então vamos procurar outro viés de análise sobre essa questão que se resume num sofrimento cruel para todos em sua família e à sua volta.

Suas angústias e seus desesperos são sentimentos legítimos, compreensíveis e, até poderíamos dizer, justificáveis. Qual mãe não sentiria o que você está sentindo? Engraçado dizer isto, mas o que me ocorre é que todas as mães se sentem culpadas pelos problemas que os filhos apresentam. Parece que as mães já nascem culpadas! Portanto, temos que nos focar sobre a particularidade do seu sofrimento, que não é outro senão aquele de uma relação por demais sacrificial em relação à sua filha. Na maioria das vezes, é a presença efetiva da autoridade simbólica do pai o que irá amenizar a sofreguidão desse tipo de relação. A presença da lei paterna intervém impedindo uma relação incestuosa entre uma mãe e seu filho ou sua filha.

Você se denomina *mãe desnorteada*. Eis aí uma bela metáfora que pode ajudar a todos nós. Com essas palavras, você consegue traduzir, com a maior clareza possível, o lugar que a mãe ocupa, hoje, na difícil tarefa de conduzir a educação de um filho ou de uma filha, na estrutura familiar. Os pais também, não somente as mães, de fato, estão cada vez mais *desnorteados* em relação ao futuro de seus filhos. E isso não é de todo ruim. Pelo contrário, pode se tornar muito positivo no tratamento da questão. Depende do enfoque, do ponto de vista da abordagem, pois é o que permite a abertura necessária para que se possa pensar e refletir sobre os distúrbios que se apresentam aqui ou ali. Como fazer bom uso da insegurança que há sob o véu da falta de uma direção antecipada? É possível sim, fazer bom uso das incertezas. Sabe por quê? Estar desnorteada é sinal de uma possível mudança, pois pode abrir portas para questionamentos verdadeiros que se tornam viáveis para enfrentar a dura realidade dos conflitos do cotidiano de uma vida em família.

Que lugar você ocupa, *mãe desnorteada*, nessa trama familiar? A pergunta pode abrir para uma nova perspectiva no sentido de poder desembaraçar os distúrbios familiares e, a partir daí, construir um novo viés de reflexão sobre a seguinte questão: por que razão o excesso de culpa? Por que você se reconhece nessa necessidade de viver se culpabilizando e se justificando por todos os males que acometem sua filha? Você deve se questionar sobre esse ponto e desconfiar dos sentimentos que tomam conta de seu ser.

Vamos tomar as coisas da seguinte maneira: você teve uma única filha porque era seu desejo, e nada mais. Para que explicar o que parece inexplicável? Assuma as razões que a levaram a tomar essa decisão, faça um esforço para mudar o sentido da história vitimada e, aí, procure se reconhecer numa outra posição subjetiva que não seja essa. Minha cara, assuma o que verdadeiramente você é! Arrisque ser você mesma! Faça uma boa leitura de sua história, pois está escrito que *você é uma mãe guerreira*. Uma mãe que pariu, cuidou como só você pode cuidar da sua querida filha, e ainda foi à luta procurando dar bons exemplos para ela. Não deixe, em hipótese alguma, e por nada nesse mundo, de avançar em seus estudos, e estar de bem com seu desejo. Agora, algo muito importante: não se esqueça de alimentar, cada vez mais, a mulher que certamente anda adormecida sob as vestes dessa *mãe desnorteada*. Clame um pouco por esse homem que a elegeu sua mulher. A culpabilidade não é um bom instrumento de uso em nossa vida, pois ela nos paralisa e não nos permite avançar em nossos projetos. Pelo contrário, ela nos condena a frequentar uma posição muito cômoda que é aquela tão bem conhecida de se permanecer remoendo o bastão de um gozo como vítima. Isso é ruim para você e para sua filha.

Em todo caso, o que importa realmente é poder se questionar sobre os fatos que a incomodam. Se possível, mudar sua relação com a vida, caminhar, mesmo tendo a angústia como sua companheira, e buscar boas saídas para as coisas que deseja, encontrar novos caminhos, e seguir sempre em frente à procura de novos argumentos para sua vida. Minha história foi assim! O que posso fazer para mudá-la ou vivê-la com menos sofrimento? Mas, atenção, querida mãe desnorteada: nada de querer remediar isso ou aquilo em se tratando de vida! Isso sim, é ruim, faz muito mal. Remediar é alimentar o prazeroso sentimento de culpa. Por favor, nunca adote na vida uma postura de remediar. Nenhuma vida é uma maravilha. Nenhuma vida será curada e muito menos remediada. A vida não gosta dessas coisas, pois ela mesma não cessa de clamar por mudanças. A vida é dura, cruel, e você, mais do que ninguém, sofre as dores da vida na pele. Mas, é preciso viver. Com dignidade, ou seja, com persistência.

Mas você não está sozinha nessa parada como dá a entender em sua carta. Você tem um marido que é o pai dessa jovem. Onde está o pai? Cadê o pai? A figura paterna é essencial em todos os sentidos. Se ele for alguém quieto, fechado, do tipo deprimido, *desperte-o*. Somente as mulheres têm essa magia e elas nunca dão a chave do cofre para ninguém, sabia? A vida sexual de um casal é realmente a maior profilaxia no que diz respeito às patologias que possam acometer nossos filhos. Esse pai, como seu marido, deve ser o agente provocador de um gozo sempre inesquecível dentro de si mesma. Quando um pai não consegue responder aos anseios de uma mãe enquanto mulher, a criança paga caro fazendo sintomas e mais sintomas. A invasão do gozo materno não depende tanto da presença ou ausência física de uma mãe. Algo que você não pode e não deve procurar encontrar nas suas fantasias comprazendo-se em excesso de sua filha. Ela, sua querida filha, faz parte de uma estrutura que é complexa e que se chama família. Há um pai, uma mãe e uma filha. Como funciona o pai nesta estrutura, como ele intervém? Faça-o responder pelos seus anseios, porque senão o escoadouro será na jovem garota se tornando uma mulher. Quando você mesma diz em sua carta "*decidi* ter somente uma filha", seu marido, o pai de sua filha, ele também deve ter participado da decisão, não é mesmo? Ele se encontrava desempregado na época, sim, eu suponho. Mas é o pai de sua filha.

A função paterna é vital. Ela salva um filho ou uma filha de um possível gozo avassalador prenhe de caprichos que se inscrevem na figura materna. Sem contar que é a partir da função paterna que se estrutura o simbólico das gerações no sentido de uma articulação necessária da lei e desejo. Trata-se, portanto, de um elemento que dá as cartas e que tem a ver com uma lei de transmissão que é distinta de todas as outras. Por isso mesmo, mãe desnorteada, deixe ou crie condições para que o pai possa entrar um pouco mais na relação, no sentido de oxigenar os caminhos dessa adolescente. Não esquecendo que a lei do pai rege a historicidade de cada um, cada passo, cada escolha, os sucessos e os fracassos.

A mãe, ou melhor, o desejo da mãe, ocupa um lugar particular na estrutura familiar. Ele é distinto daquele do pai. O pai norteia e é norteado por muitas coisas. Ele ocupa uma função que o impede de gozar mais espontaneamente as relações com seus filhos. Muitas vezes são eles mesmos muito reservados. Uma mãe, porque também é uma mulher, é mais sensível aos problemas à sua volta. Ela carrega consigo uma maneira mais ardente de usufruir uma vida em família. Mesmo estando mais preocupada, ela é habitada pelos dilemas da vida cotidiana sem tanto pudor com as verdades que pululam aqui ou ali. É ness caminhar desnorteado que uma mãe pode olhar as coisas mais de frente. Uma mãe é realmente aquilo que eu consegui nomear de loucura santa.

Em sua carta há um verdadeiro pedido de ajuda. Como lidar com o trauma que se instalou no seio da sua família abatendo covardemente justo sua jóia mais cara e mais preciosa? Sua filha querida, a razão de sua existência, desde o início de sua adolescência, apresenta um quadro clínico compatível com o lúpus. Uma doença traiçoeira como tantas outras! Sua característica é que ela não obedece à ordem lógica comum, que demarca as defesas que um organismo ameaçado produz. O lúpus trapaceia a racionalidade do organismo acirrando, de maneira grotesca e paradoxal, suas próprias defesas como forma de se proteger de si mesmo. Normalmente, um organismo produz anticorpos contra antígenos externos, tais como vírus e bactérias. No lúpus, há um erro de leitura: o organismo trabalha contra si mesmo. Você afirma que esse adoecimento é de fundo nervoso, fruto de um stress. Na realidade, sua causa não é tão somente de origem emocional. Ou, talvez, o emocional seja apenas um dos fatores desencadeantes. O lúpus é uma doença auto-imune, multifatorial, de origem ainda desconhecida. Há, certamente, fatores genéticos, hereditários, sociais, psíquicos e, até mesmo ambientais.

Mas, a doença, em si, já está instalada. O lobo já deixou sua marca. Não se iluda minha querida mãe desnorteada, supondo que a marca da mordida do lobo seja um privilegio seu ou de sua família. Todas as famílias, sem exceção, são marcadas pela mordida de algum animal feroz. Algumas são vivíveis e outras guardadas a sete chaves em seus armários desumanizados. Todos nós temos nossas feridas, e é isso realmente o que nos constitui como seres humanos, como seres portadores da linguagem. Essa marca que carregamos, a psicanálise a nomeou de sintoma. A senhora entende isso: ninguém escapa da mordida do lobo. A psicanálise diz que o sintoma da criança acha-se em condições de responder ao que existe de sintomático na estrutura familiar como representante de uma verdade. O lúpus é o ponto pelo qual essa jovem, se tornando mulher, quer falar alguma coisa. Alguma coisa que necessita ser melhor escutada. Aqui entra a psicanálise. Seria a única condição de escuta do desejo que está por trás disso tudo. Uma psicanálise existe somente para isso: realizar uma boa leitura no discurso que é singular, que é de cada um. O que essa filha representa, eu não diria apenas no desejo do casal parental, mas, também, na historicidade do desejo dos pais de seus pais. O lúpus é uma mensagem cifrada. Somente falando para um psicanalista ela poderá chegar a algum lugar. Ela terá que se virar com isso. Nunca trate esta filha como doente. Pelo amor de Deus! Leve-a a assumir as consequências dessa história e faça com que ela própria encontre os meios reverter sua má sorte. Reverter! Isso será possível se ela se distanciar do cemitério das vítimas. Assumir sua própria história para poder reescrevê-la de outra maneira. Isso certamente com a ajuda de um trabalho de inconsciente, ou seja, numa psicanálise.

Apoiando-se em fatores econômicos, a senhora se justifica e se culpa pelo fato de não ter tido mais filhos, como se isso fosse algo muito grave, capaz de causar danos psicológicos naquela que se tornou filha única, esquecendo-se de que todos os nossos atos, nossas escolhas, já estão demarcados a partir de uma historicidade. A senhora fez o que tinha que fazer e, certamente, fez da melhor maneira que podia e nada mais. Não sei quantos irmãos ou irmãs a senhora teve. Talvez, ter escolhido somente uma tenha sido uma maneira de ser única, você mesma, frente ao desejo de seus pais. Qual o problema? Deixe de lado o imaginário social que não cessa de dizer regras absurdas sobre isso ou aquilo. Vamos ao que realmente interessa.

Você, mãe desnorteada, não tem ideia do como foi saudável ter saído para trabalhar, estudar, ou seja, cuidar também da sua vida. Já pensou como essa filha única se sentiria tendo o tempo todo o seu amor? Isso a adoeceria muito, mas muito mais. Sua filha estava lá e cá, mas sabia muito bem que você era sua mãe querida. A falta é fundamental, é abençoada.

Sua filha tem condições de viver uma vida normal que é a dela. Desde que ela não se acomode numa identificação de seus sofrimentos de mãe. Ela não *é* doente, não é e não deve se fazer identificar à doença em si. Ela, e somente ela, saberá que passos dar para viver uma vida normal, logicamente que tendo que enfrentar as mazelas da vida cotidiana. Inclusive, se essa jovem se atrever a pensar um pouco mais, ela poderá se antecipar no sentido de não provocar as crises inflamatórias. Isso é importante! O lúpus exige um tratamento cuidadoso por médicos especialistas, mais precisamente da área da reumatologia. Nada de remediar. Nada é remediável. Por favor, nunca mais use essa palavra, por favor! Não existe nenhuma família perfeita. Cada família é uma família. O importante é ter a humildade de detectar o *problema de família* que habita todas as famílias e trabalhar para que os danos não sejam impeditivos de insistir na vida. É isso aí!

Os pecados dos pais

“

Sou um jovem de 21 anos de idade, universitário e moro com minha família. Estou em crise, passando por conflitos que têm nas dúvidas forças que arrasam minha vida. Tenho dois irmãos mais novos; uma irmã de 15 e um irmão de 12. Aparentemente, somos uma família feliz, sem grandes problemas. Meus pais são boas pessoas, trabalhadores e bem sucedidos em suas profissões. Temos um bom convívio social, conhecemos muita gente.

Eu me dirijo ao senhor porque não tenho com quem conversar sobre o que está se passando dentro de minha casa e, talvez, dentro de minha cabeça também. Trata-se de um assunto sutil e delicado demais, e não é fácil expressá-lo em palavras e em público, mas vou tentar.

Próximo de completar 18 anos de idade, assim que entrei na universidade - curso a faculdade dos sonhos de meu pai e que, por alguma razão, ele não conseguiu realizar -, meu pai passou a beber pouco mais do que bebia antes, que era tão somente nos almoços dos fins de semana. Agora, ao chegar do trabalho, mal coloca os pés em casa, começa a beber. Nada de excesso, mas o suficiente para ficar mais alegre, mais falante do que o habitual. Como se não bastasse, minha mãe entrou na onda e deu para acompanhá-lo na bebida.

Há mais ou menos três anos venho notando uma cena estranha, que se repete com alguma frequência, que me causa constrangimento. Meu pai, já mais solto com a bebida, coloca minha irmã adolescente em seu colo e, não sei explicar muito bem, essa cena me constrange a ponto de eu não conseguir pensar em mais nada. Minha mãe não se incomoda, e não dá importância ao que lhe digo. Eu já lhe disse que minha irmã estava grandinha demais para ficar no colo de papai, e sua resposta foi me perguntar se eu estava com ciúme. Nessas horas, meu irmão, de cara emburrada, refugia-se em seu quarto. Já algumas vezes, não acredito que seja uma coincidência, meu pai deixa minha irmã pela sala e se tranca no quarto com a minha mãe.

Estou vendo coisas onde não existe? Será que estou enciumado do que se passa na relação de meu pai com minha irmã? Chego a pensar que meu pai usa minha irmã, pois até presentes ele tem dado mais a ela. Às vezes me recrimino por achar que meu pai se excita com minha irmã para depois ter relações sexuais com a minha mãe. Trabalho esta questão na minha terapia e minha analista sempre diz que a questão está dentro de mim. Conversei com um tio, pessoa que respeito muito, e ele também acha loucura da minha cabeça. Mesmo assim, é normal uma filha de 15 anos ficar no colo do pai? Quais os limites do certo e do errado nesses contatos corporais entre pais e filhos?

O que fazer? Com quem falar? As dúvidas estão me matando. Amo meu pai, sempre o respeitei muito, ele sempre foi uma pessoa muito boa. Não quero perder minha família. ”

Suas preocupações se justificam. Alguma coisa se passa, sim, e você tem lá suas razões e motivos suficientes para se preocupar. Essa cena, em que uma filha adolescente que se faz sentar no colo do pai - diga-se, com certa frequência -, quer dizer algo que está para além de um carinho paterno. Por isso mesmo há um mal-estar, um constrangimento, que deve, pois, ser tomado como um apelo, um pedido de ajuda. Se verdadeira ou não, agora pouco importa. Mas você irá tomá-la como sendo, posto que essa cena se interpôs entre sua vida subjetiva e uma realidade.

De toda maneira, trata-se de uma cena que se impôs como um elemento reativo a um sofrimento particular do casal que testemunha uma quebra do ritmo dessa família de uma maneira aguda. Torna-se necessária uma intervenção para que a coisa não siga em frente e venha tornar-se crônica. Esse acontecimento pede por uma leitura, e é você aquele que pode pontuar tal questão. Somente você, pois é quem está com os pés no chão.

Muita calma e, por favor, não converse este assunto com mais ninguém, a não ser na sua análise. Digo isto na medida em que você se encontra tomado de dúvidas. Você vai resolver, a partir de si mesmo, dentro de sua casa. A interpretação do fato já te habita, está fervilhando em seu discurso, e você irá aplicá-lo na sua realidade familiar. O que você se queixa é de algo que acontece o tempo todo, e não é tão difícil de encará-lo no sentido de uma mudança de rota. Digo isso porque demonstrou muita seriedade em suas palavras. Há verdade no seu relato, sofrimento e interrogações. Mesmo porque, você afirma que seus pais são pessoas boas, que você os ama e quer manter sua família dentro de uma união.

Veja bem, não existe nenhuma família pura, limpa de pecados. Todos nós temos os nossos pecados, erros e escorregões.

Como também temos virtudes, acertos e conquistas. Somente os ideais denotam pureza, ou seja, enganos, fachadas. Uma família ideal não existe, nem mesmo no papel.

Seus pais estão em crise com eles mesmos e com a vida. Existe um sinal que deve ser escutado, que necessita de uma leitura. Eles parecem ser jovens – em torno de 45 anos – o que lhes dá fôlego para enfrentar mudanças e questionamentos. São pais bons e bacanas, e estão pedindo ajuda através de você.

Em que momento a crise emerge, desabrocha? Justo quando você entra na faculdade, o seu pai se deprime e necessita de um suporte da bebida alcoólica. Não é uma faculdade qualquer, pois trata-se da faculdade dos sonhos dele mesmo. Pode ser que ele não esteja suportando o fato de você o estar salvando em algum ponto de sua história. Esse fato o coloca mal diante de seus próprios ideais, ele se deprime ao invés de regozijar-se com sua conquista de bom filho.

Em toda essa questão há um ponto muito sério, alguma coisa que fala mais alto: o fato de seu irmão se emudecer e trancar-se no quarto. Dentro desse menino emudecido existe uma criança que está aos berros, que clama por uma ajuda e que ninguém está escutando nada. Esse ponto diz de uma denúncia que corrobora suas suspeitas: um pai, que nesse instante deixa de ser pai, que está aí muito mais como um homem que deseja. Um homem em crise que goza da presença da filha para alcançar sexualmente sua mulher? É possível. O peso do luto está deixando-o em frangalhos.

Como pais suportam avançar uma vida se fazendo acompanhar do progresso de seus filhos? Mais ainda, pais e filhos têm um preço a ser pago. Pais e filhos devem realizar lutos. Pais devem realizar o luto de seus filhos, da adolescência. Eles sofrem, também, o luto de si mesmos, enquanto pais de crianças e de adolescentes. Filhos enfrentarão o luto da criança que eles próprios teriam sido para esses pais. São etapas necessárias, sofrimentos indeléveis. Quase sempre passamos por cima dessas etapas que sustentam o porvir de um filho e também dos pais. Respondemos aos enigmas com erros, com distorções, com sintomas.

Você pergunta qual o limite, até onde se pode avançar no contato corporal de um pai com uma filha ou com um filho, de uma mãe com um filho ou com uma filha? Até onde vamos, até onde podemos nos aproximar? É um ponto interessante demais para encontrarmos uma resposta. Até onde? É possível estabelecermos um limite de território, de toques, de abraços, de ternura? Eis uma verdadeira questão, que quase sempre respondemos com regras, normas e proibições. Distanciamentos. Sabemos que o uso de diálogos substitui o tocar, a aproximação corporal demasiada. Palavras. Mas quais?

Pais tocam o corpo de filhos até certa idade. Há sentimentos, sim, é lógico. Que tipos de fantasias, que pensamentos: limpos, sujos, café-com-leite? Em relação a nossos filhos, e a outras coisas na vida, temos todos os sentimentos possíveis e imagináveis. O que é que dará a justa medida? Somos monstros domesticáveis. O processo civilizatório irá nos auxiliar a domar nossas emoções.

O humano tem uma subjetividade, uma vida psíquica que o governa. Ela é movida pelos desejos que nos habitam. Tudo o que me constituiu como sujeito deu-se graças aos disparates dos desejos. Os desejos que me habitam têm suas origens nos desejos de meus pais, de meus avós e até mesmo de meus bisavós. Quando um filho ou uma filha começa a adolescer, corpo de menina-mulher, corpo de menino-homem, há um esfriamento, uma muralha, uma barreira, um distanciamento. Uma lei se interpõe. Mas qual é mesmo o limite, quem ou o que dita as regras? Faça isto, não faça aquilo, isso pode, isso não pode. Mas, e o meu desejo particular?

A única coisa que pode vir a delimitar o tocar de corpos entre pais e filhos é a intenção. O desejo, a fantasia. O intencional dirá das vertentes de um desejo atravessado, de um gozo ilícito. E isso não depende tanto da idade se, por exemplo, me excito. Ou se o filho ou filha se excita. Sinal vermelho. Pare!

Em todo caso, há algo que se interpõe nesse limiar, e que certamente poderá nos ajudar. Há, sim, uma rememoração constante do interdito, como lei que barra o incesto. Talvez o lugar do questionamento que cada um possa se colocar. Poder pensar o que me habita, ter liberdade de pensar meus pensamentos, pensar, mas não agir, não atuar na realidade da vida e dos corpos. Quando penso, não necessito agir. Todos transmitem um pedaço de lei para os mais novos. Gerações que se conformam. O questionamento dos pais motiva algo de mais "saudável" na cabeça dos filhos. Respeito. Isso se passa, sublima o furor das pulsões sexuais e produz efeitos de boas reflexões.

Qual o pai, qual a mãe que não se delicia do contato com o corpo dos filhos? Até onde podemos ir? Qual o sentido está sendo colocado nesse ou naquele sentimento? O que é da ordem do traumático já está, de antemão, na fantasia. Fazer uso, *se fazer* usar. Será então que esse pai - aqui, enquanto, homem - está abusando?

O importante é que isso seja interrompido. Somente você pode e deve falar com o seu pai. Não importa se há ou não alguma coisa abusiva, você não quer saber. O que você quer é que isso acabe de vez. Você vai falar com sua irmã, dar suporte a ela. O seu irmão carrega consigo um peso maior, ele necessita de sua ajuda. Coloque um basta, uma lei.

Faça barulho dentro de sua própria casa, tão silenciada em sua depressão. Dê voz à crise. A interdição do incesto é, em todo caso, crucial numa ordenação familiar, na consolidação de gerações. A lei, em sua família, está adormecida. Desperte-a, tente revitalizar esses pais dormentes. Pais, até certo ponto, deprimidos, pois eles mesmos não conseguem sustentar os valores reais dessa função.

Ao colocar lei simbólica dentro de sua família, você também sofrerá seus efeitos. Discernimentos necessários, nada mais que isto. O bom discernimento inscreve-se como um bom olhar, um olhar de princípios que faz nascer uma ética do desejo, onde cada um poderá estar de bem consigo mesmo e com o outro, o semelhante. O ensaio amoroso que versa sob o prisma do incesto engessa o trâmite de uma relação mais flexível entre pais filhos: um verdadeiro enrijecimento das relações. O bom discernimento vai contra o incesto, ele castra os excessos e suas consequências. O discernimento dirá, sem constrangimento: você, meu bom pai, não pode mais colocar sua filha – ou seja, minha irmã – em seu colo. Ela já é uma mulher.

A entrada da lei pelo viés da Justiça? Somente a partir de fatos consumados, mais patentes. Quando acionamos a justiça, não se sabe no que isso vai dar. O melhor caminho, no caso que você nos apresenta, é trabalhar essas questões pelo viés de intervenções no plano do psiquismo, de levar o sujeito a se implicar no seu ato, desviante ou não. A lei é um enunciado puro, sem subjetividade, é a presença de uma norma necessária. Quando realmente ela deve entrar? Todos os psicanalistas já tiveram, em seus consultórios, pacientes que apresentavam alguns traços que apontam para abuso sexual, pedofilias, e que se deslocaram com o trabalho de análise. Existem sujeitos que se propõem a produzir mudanças significativas, que os fazem sofrer e que, por isso mesmo, se culpam. Eles querem mudar, desejam passar para outra coisa. Em outros casos, não, não é a mesma coisa.

Vamos supor a seguinte situação: você sai por aí acusando seu pai de estar abusando, ou usando, sexualmente sua irmã adolescente. A justiça certamente irá marcar sua presença. Digamos que esse é o caminho a se seguir, que se faça valer a lei. Ela entrará em sua casa e terá que caçar os culpados punindo-os de alguma maneira. O senhor seu pai, que é a espinha dorsal de sua família, sofrerá as consequências do seu gozo desviante. Mas, com toda certeza, a família vai pagar mais caro rompendo seus laços e pilares de sustentação. Por isso temos que insistir usando todas as ferramentas possíveis na resolução pelo viés do tratamento psíquico. Insista, seja um gigante nas suas insistências.

Há um ponto de sofrimento na família, um sofrimento psíquico desses pais. O fundamental é fazer brotar questionamentos, colocar esse pai – sempre com a anuência da mãe –, a se perguntar se não é possível uma mudança. Levá-lo a reconhecer sua necessidade de tratamento para que haja uma demanda verdadeira, no sentido de se assumir como pai.

Você disse que sua família é boa, que seus pais são bacanas, que estão precisando de ajuda. Portanto, não se faça gozar na posição vitimada de suas dúvidas. Experimente sair dessa posição que é, por essência, alienante. É isso aí!

A perda de um filho

“Caro Doutor,

Estou casada há 27 anos e amo meu marido. Sei que ele me ama também. Tivemos dois filhos, um menino e uma menina. Nós sempre fomos alegres, felizes e bem realizados profissionalmente, ao contrário de nossos familiares, que não tiveram sucesso profissional. Meus irmãos não deram certo na vida e minha única cunhada não dá certo em nada, tanto profissional quanto afetivamente.

Escrevo porque também preciso desabafar. Há dois anos, perdemos um filho, o mais velho, sobre o qual tínhamos muitas expectativas. Ele estava com 18 anos e havia acabado de ser aprovado no vestibular. Sua irmã, na época com 14 anos, presenciou sua morte: ele pulou da janela do quarto dela. Desde os 15 anos apresentava um comportamento estranho, vivia isolado dentro de casa, se afastou dos amigos. Conversamos com alguns professores, médicos e amigos, todos diziam que era da idade e que depois ele iria melhorar. Meu próprio marido disse várias vezes que também na sua adolescência era assim, vivia num mundo fechado. Levamos a um psiquiatra que o medicou com antidepressivos e tranquilizantes. Ele até andava um pouco mais animado. Depois desta calamidade, minha casa não tem mais vida. Ninguém sorri, nunca falamos sobre ele, seu quarto permanece intocado. Eu e meu marido evitamos nos olhar: parece que estamos nos acusando um ao outro. Desde então, não nos tocamos mais. Estamos com medo, e com raiva também. Falamos com médicos, tomamos antidepressivos, conversamos até com um padre. Parece que nos afundamos cada vez mais. Estou com medo de acontecer o mesmo com o que restou de minha filha, pois estamos deslocando todas as nossas esperanças para ela.

Não sei se o senhor tem filhos ou se tem ideia do que é perder um, a dor, o desamparo. Nunca fizemos análise e não sei se essa história de falar para um desconhecido ajuda em alguma coisa. Fizemos um acompanhamento com uma psicóloga especialista em perdas, mas de nada adiantou. O que fazer para esquecer isso tudo e seguir em frente? Eu e meu marido temos ainda um ao outro e nossa querida filha. ”

Miserável! Olha o que você foi fazer comigo! Como vou suportar a falta que te faço? É realmente isso! Se pelo menos alguém dessa família pudesse enunciar essa frase, as coisas estariam certamente menos pesadas, na medida em que ela traduz um ódio necessário de ser colocado em palavras: maldito, desgraçado, olha o que você fez comigo! Por que você me abandonou, o que vou fazer com isso que restou de ti?

A morte de um filho ou de uma filha é o fato mais traumático para uma família. Não existe nenhuma palavra que possa exprimir a verdadeira dor sentida pelos familiares. Uma vida que se interrompe, isso quer dizer alguma coisa! Frente ao vazio da falta provocada por um filho que se foi, pai, mãe e irmã, cada um na sua particularidade, sofrerá uma dor incomensurável, a dor de um vazio que é inigualável, distinta de todos os outros distúrbios que possam nos acometer. A singularidade dessa dor tem a ver com os investimentos que cada sujeito é capaz de manter nas suas relações afetivas, nos vínculos que mantém com a vida.

O que se passou com este adolescente? Porque ele não conseguiu acreditar em outra saída senão interromper a própria vida? Sabemos que a sintomatologia dos jovens tem comparecido com uma frequência assustadora, passando a ocupar territórios essenciais dessa idade ainda em transição e que se apresentam em seus abalos e turbulências, muitas vezes incontornáveis. São adoecimentos, sentidos e sofridos, mas que não são pensados e elaborados a partir de uma reflexão, no sentido de uma possível simbolização. Há uma impulsividade que é própria do adolescente. Mas os conflitos estão aí, presentes, produzindo seus efeitos desastrosos e devastadores, que irrompem de uma maneira traumática, irrisória, drástica, assustadora e, até mesmo, insana.

Trata-se, portanto, de um movimento por demais agressivo, inconsciente, que é ignorado pelo próprio sujeito, mas que apresenta força suficiente capaz de promover danos irreparáveis. O jovem pode estar realizando, insistentemente, uma violência que é desencontrada, contra ele mesmo e com o outro, seu próximo, podendo até mesmo produzir efeitos desastrosos que se traduzem como vidas não resgatáveis: vidas interrompidas, tanto em seu encaminhamento de desejos quanto nos modos perturbadores de interrupção do viver.

Quando o jovem coloca fim à sua própria existência ele está interrompendo, a um só tempo, tanto a transmissão de valores familiares que se construiu ao seu redor quanto ao que era esperado que ele pudesse retificar em relação à herança recebida de seus antepassados a partir de um universo de novas significações. Ou seja, ele coloca por terra o sentido da vida em sua derradeira necessidade de procriação.

O jovem que provoca sua própria morte pode estar sofrendo os embaraços de uma dor herdada de gerações anteriores. Por alguma razão, ele não conseguiu reverter o rumo da história recebida, daí, portanto, sofre os efeitos devastadores dos ideais contrariados de seus ancestrais. Por alguma fragilidade psíquica – são aqueles sofrimentos psíquicos mais avançados, vale dizer, as melancolias – ele não conseguiu se dar a chance de assumir e se apropriar de sua própria história retificando a má sorte que uma equação de vida lhe impôs como algo tão maldito. Não há culpados na história.

De algum modo, temos que nos tornar responsáveis pela história que recebemos dos nossos ancestrais. Qual o foi o peso dessa história recebida que levou esse jovem a não suportar viver?

Uma história que se estrutura pelo viés dos efeitos de inconsciente – de uma boa ou má sorte – que ela mesma instaura. A herança simbólica que cada um de nós recebe, até mesmo antes do nascimento, com a interrupção de uma vida, cessará de ser transmitida para filhos e netos, restando, nesse vazio, nada mais que um ponto de sacrifício habitado por interrogações silenciadas. Herdamos uma vida por onde florescem todos os pecados do mundo, vale dizer, do pai, da mãe, dos nossos antepassados. Votos de vida e votos de morte. Cada um de nós terá que aprender a lidar com a sua história de uma maneira particular, a partir de um estilo de vida. Mas temos oportunidades e meios para mudar os rumos de uma má sorte.

O ato suicida, como um gesto trágico e insolente, configura a quebra radical de uma possível escritura genealógica. Ao se matar, o jovem interrompe o que há de mais sublime na vida humana. Ele diz não à incidência da função paterna e abole a possibilidade de se transmitir uma simbolização daquilo que se articula entre lei e desejo. Ou seja, ele castra o pai em sua virilidade de transmissão dos projetos e dos investimentos futuros de seus ancestrais, tudo aquilo que habita o inconsciente de seus pais e que a ele teria sido transmitido.

Os pais desejam que os filhos vivam cada vez mais, é o que se observa no cotidiano das relações familiares. Que eles tenham uma boa infância e que possam participar das brincadeiras de crianças, que cresçam e se tornem independentes, que estudem e cursem uma universidade, que encontrem um caminho vitorioso na vida amorosa e profissional. Pais desejam passar para filhos o sentido de uma transmissão. Mais ainda, os pais desejam verdadeiramente que seus filhos estejam presentes quando eles morrerem, que eles enfrentem e superem as dificuldades e que possam vir a testemunhar a morte de seus próprios pais.

Em todo caso, temos de insistir, olhar de frente os problemas que o suicídio de um jovem nos coloca, e procurar os meios mais adequados para lidar com essa questão que é, por excelência, das mais traumáticas e cruéis para qualquer ser humano.

A morte de um filho! O que um psicanalista pode falar a respeito dessa situação que envolve não somente a família em si e pessoas próximas, mas também, o entorno social de uma política pública? A psicanálise ainda é o que temos de melhor para abordar situações tão agressivas e violentas, capazes de provocar danos irreparáveis numa estrutura familiar. O método psicanalítico leva em conta o impossível, o incurável. Por isso mesmo, seu instrumento primordial é a colocação em ato da palavra que tem, por objetivo, construir uma interpretação sobre os sintomas que levam os sujeitos a sofrer verdadeiras devastações no campo de seu desejo.

Uma família que perde um filho é uma família em perda, uma família que perdeu. O buraco que ficou é o rombo de cada um, é a parte que cabe de uma subjetividade. Esse filho que se foi carregou algo de cada um e que, por sua vez, algo dele restou no pai, na mãe, na irmã. Também nas vizinhanças há ressonâncias dos estilhaços de perdas que promovem feridas por vezes não cicatrizáveis.

De que lugar é possível responder a esse apelo? Sou pai, e tenho filhos. Penso que a perda de um filho deve ser a dor maior que a habitar a alma de quem sofre.

O que se passa nessa família? Logicamente ela não é mais a mesma. A morte do filho provocou uma desestruturação, uma quebra dos vínculos, uma ruptura dos laços que sustentavam uma cumplicidade necessária para se viver em família. Mas alguma coisa ainda vive, para além do que se poderia imaginar. O tempo não curou! Um morto que ainda está vivo, perturbando a vida na casa. Não há mais lugar para a alegria, para o diálogo. A família está pesada, pesarosa, fechada em si mesma. Seus membros não podem respirar vida. Eis o problema maior: não há lugar para a palavra, ela não circula. O morto está posto ali, alocado em proporções distintas em cada um, fazendo parte, impedindo que a falta se coloque, que circule. Desejos amortecidos, ninguém se autoriza desejar. Morto não fala, não vamos traí-lo. Respeito!

O casal não se relaciona, homem e mulher não se acolhem. Pai e mãe estão vivendo sob regime da culpa, da acusação. Nessa família há um morto que necessita ser enterrado. Ele está ali, claudicando, seus traços estão vivos em cada membro da família. Com a morte deste filho alguma coisa se quebrou e todos se recusam a delinear por uma ética que rege os princípios de uma vida em família, em sociedade.

Mas isso pode mudar. É necessário que haja desejo de mudança, que os pais cessem esse banquete totêmico e não se alimentem mais desse filho que, por alguma razão, se foi. É duro, é difícil, realizar o luto de um filho tão idealizado, tão querido. Deixá-lo ir embora, deixar o morto ir embora em paz. Essa família necessita enterrar o filho. Chega de tanto narcisismo, chega de tanto egoísmo! Soltem seu filho, procurem restaurar e retificar o olhar que anda escondido pelos cantos da casa.

A presença da palavra quando circula é santa, pois é capar de provocar mudanças incríveis! A ética estaria justamente no fato de se colocar a palavra em dia. O desejo, como razão da vida, pode retornar através do olhar e da voz. Falem um com o outro. O relacionamento sexual do casal é vital, e esse fato pode produzir efeitos de desinibição nessa filha que está imersa no absurdo de uma culpabilidade. Há que se fazer uma boa aposta nela. Com a fala, o que resta dela poderá renascer. O olhar e a voz, do pai e da mãe, do homem e da mulher, funcionarão para essa filha como a água e a luz para uma planta!

Sendo assim, o esperado é que pais e filha, em sofrimento, possam escolher o caminho da palavra, no sentido de um trabalho de elaboração da perda. É aconselhável que eles caminhem nessa direção: que façam o bom uso da fala. Por que senão, eles próprios vão permanecer num estado de falta, arrolados numa eterna acusação. Por isso mesmo, torna-se necessário que se criem condições adequadas para que possam falar sobre o acontecido, da representação daquela perda, que façam o bom uso da palavra, até mesmo no sentido de transmitirem alguma coisa sobre esse horrível desconhecido. Quando não falam é porque eles próprios estão inseparados desse filho que se foi, imersos num gozo culposo e lamentador. Manter o filho insepulto! O perigo é que eles permaneçam em sofrimento, identificados ao gozo paralisante dessa presença morta, caindo na ressente de uma dor de perda, que não faz outra coisa senão ruminar dentro deles como o próprio peso de um fracasso.

Mas isso não deve demorar muito, mesmo porque não é justo com aquele que se foi. Deixar o morto significa poder abrir as portas para uma angústia de separação e carregar boas lembranças. Ao mesmo tempo, questionar o peso dos ideais que foram colocados: os pais, talvez com medo da repetição do fracasso na vida de seus antecedentes tivessem, mesmo sem se dar conta, exagerado na dose, de expectativas para com este primeiro filho. A dignidade de um pai, de uma mãe - e dessa irmã - será justamente colocar boas palavras nos sentimentos de separação: construir o luto, no tempo justo e necessário, e deixar que o morto possa ir embora. Ou seja, saber se separar, não sem se questionarem sobre o acontecido, sobre sua parte nisso tudo. Vale dizer, introduzir a falta como alguma coisa da ordem do abençoado, como algo que rompe um ponto do narcisismo da família, no sentido de passar para outra coisa na vida. Respeitar a separação, deixar que o morto se vá. Nada mais que isso! Caso contrário, eles permanecerão ali, fusionados num gozo estranhamente familiar e melancólico, à espera de migalhas daquilo que se foi. Esse filho, ele mesmo tinha suas razões. Razões não sabidas, desconhecidas dele mesmo. Ele até poderia dizer: fui embora, cuidem vocês de suas próprias vidas. É isso aí!

A escolha de um bom marido

“*Acho que o meu questionamento é diferente dos que você costuma responder. Tenho apenas 22 anos de idade, moro sozinha e estou me encaminhando para construir uma família, o que requer mais cautela para que eu tenha uma família saudável.*

Durante muitos anos fui filha única, mas, hoje tenho uma irmã de 7 anos. Perdi meu pai aos 11 meses de idade, tive uma infância muito sofrida pela falta do meu pai e meu sonho sempre foi ter uma família normal. Sou muito carente em um relacionamento, mas também sou muito amável e carinhosa.

Minha mãe sempre foi empregada doméstica, e me criou com muito esforço, mas no fim eu dei certo. Sou assistente social recém-formada e tenho o meu primeiro emprego exercendo a profissão. Namoro com um rapaz há 3 anos, e sempre me imaginei em um futuro com ele. Ele é muito calmo, carinhoso, me respeita, tem 23 anos e também está começando a vida, como eu.

Porém ele também é filho único, de mãe solteira e o único contato que teve com o pai foi um dia, aos 12 anos, quando seu pai foi judicialmente obrigado a registrá-lo.

Ele disse que não quer ter contato algum com o pai e que para ele, não tem pai. Mas como ele sempre morou com a mãe, acabou criando uma relação que eu não acho saudável.

Aos 23 anos sua mãe não o autoriza a dormir na minha casa. Ele fura compromissos comigo porque de última hora sua mãe quer que ele a leve à casa de alguém. Ele não consegue decidir nada sem a ajuda minha ou da mãe dele e finalmente, ele não tem planos de viver longe da sua mãe. Sua mãe tem 65 anos, é aposentada, e eu a acho muito sozinha, não faz muitas atividades e quando ele fica um pouco mais ausente de casa ela o desaprova. E ele faz de tudo para que ela não fique chateada com ele.

Existe uma possibilidade de eu conseguir a família saudável que pretendo construir com um rapaz tão ligado à mãe, a ponto de me deixar sempre em segundo plano? Estou exigindo muito querendo que ele tenha uma vida mais independente da sua mãe já que ele pretende um compromisso comigo? Essa simbiose dele com sua mãe é saudável? Será que pelo fato de ser muito carente estou exigindo muito dele? ”

Qual a garantia que se tem na escolha de alguém para um compromisso mais duradouro, no sentido de constituir uma família? Quando é que se pode afirmar tratar-se de uma boa escolha, uma escolha verdadeira? Por que razão isso que julgamos bom pode estar referido a uma distorção psíquica, paradoxal, a uma necessidade inconsciente de gozar no sofrimento, na ruptura, na dor. Pode-se escolher alguém justamente para não dar certo?

O problema apresentado por você é complexo e requer cuidados, pois diz respeito ao seu futuro. O que fazer? Isso deve partir de você. O problema de seu namorado é a dependência da mãe que ele carrega. Isso é problema dele! Será que ele sofre com isso?

Seu dilema em relação a aposta no seu relacionamento amoroso não é algo fácil de suportar, pois não se trata de uma simples escolha do homem de sua vida, mas de como você realizará essa escolha. Quer dizer, de que lugar você se interrogará se esse é o parceiro que responde ao seu desejo de construir uma família.

O maior problema não é a escolha de um bom futuro marido, mas remonta a algo anterior, referido à origem de seu desejo. Somente a partir daí você vai poder construir uma escolha amorosa. Eu diria que você está numa encruzilhada, onde é preciso se questionar sobre o seu desejo. Nesse sentido, melhor seria você procurar um psicanalista e depois, sim, preocupar-se com namorado. Vá se perguntar o que teria sido um pai em sua vida. Qual lugar que você supõe ter ocupado no desejo dele.

Isso porque a sua escolha amorosa está contaminada. Você está buscando um homem para sua vida a partir de uma falta de pai. Um pai que se foi muito cedo, levando a um profundo trauma, que não é sem consequências. Que tristeza! Não queira, através de um marido, salvar seu pai. Procure se questionar pouco mais sobre esse ponto, para fazer uma escolha limpa de perdas não elaboradas.

Você é uma garota de valor. Uma guerreira, que luta e que conseguiu sobreviver a perdas terríveis, irreparáveis, em sua história de vida. Sair de onde você saiu e caminhar tão bem como está caminhando, só Deus sabe o investimento que tem feito para estar indo tão bem. Repare na sua escrita, ela é testemunha de alguém que tem muito para dar a si mesma. Você não vestiu o manto da vítima, foi à luta e tem muito mais pela frente. Se não se paralisar na história com esse rapaz, você poderá muito mais.

De onde parte a escolha de um homem ou de uma mulher para que se realize um casamento? Teria ela a ver com a história de cada um, tal como se deram as escolhas que pais e avós realizaram? Sim, é verdade que as escolhas que se realizam dependem dos modelos que se carrega na bagagem familiar: o desejo dos ancestrais, consciente ou não. Na maioria das vezes, a escolha se processa a partir daquilo que não se sabe e que se realiza sem saber muito bem o porquê. Somente se dá conta depois – veja, isso é inconsciente. "Puxa vida, dei voltas e voltas para fugir do modelo dos meus pais, e fui escolher a dedo, justamente alguém igualzinho ao papai ou, à mamãe"! Ou seja, as escolhas de um parceiro ou de uma parceira se estabelecem a partir de elementos que constituem a historicidade particular de cada sujeito, a despeito de se saber ou não. Escolhe-se, sim, a partir dos pais, ou melhor, a partir de uma referência que habita o psiquismo humano que se chama pai. "Mas, então, são meus pais que escolhem em mim?" Sim! A vida inconsciente governa a vida de cada um: "faço um esforço enorme para não repetir a história de meus pais e, quando vejo, lá estou eu fazendo o mesmo ou pior".

É sempre assim, a não ser que você realize uma leitura clara do texto que rege sua vida.

Você diz que quer constituir uma boa família e que, portanto, está preocupada com seu namorado que é um bom garoto, mas que ainda se encontra ligado demais à mãe, monitorado por ela, prisioneiro de seus caprichos. Ele vive uma total divisão, pois tem uma namorada, mas parece estar casado com a mãe. Não se trata de algo simples, alcançável conscientemente. Não, a coisa é mais forte, como se diz, está na carne! Será que dá para você competir com ela? Digo mais, trata-se de uma batalha de antemão já pelo outro lado. Uma mulher que queira se casar com um homem tem de encontrar na sua futura sogra uma boa cúmplice, não uma rival. Saia dessa e introduza na relação com ele uma falta, pois será bom para os dois.

Lembre-se, minha cara, que não se trata de uma relação qualquer de um filho com uma mãe. Trata-se de uma estrutura doentia, pois ele ficou no lugar do homem dessa mãe, ele teve um pai que ele próprio não reconheceu e isso é muito grave. A mãe desse rapaz tomou esse filho como objeto de um gozo perverso.

Você acha que ele vai abandonar o confortável lugar de filho e marido da mãe, em troca de que? Você mesma, em sã consciência, acredita que ele será capaz de pagar esse preço? Como, de que maneira, ele poderá acreditar que a mãe poderá sobreviver sem sua presença? Ele terá que elaborar muitas coisas, fazer o luto desse lugar que ele foi colocado - e que, portanto, se acomodou – de objeto de gozo da mãe.

Ninguém escapa das identificações que se estabeleceram desde nossa primeira infância. Todo sujeito humano é escravo, é dependente do que recebeu de palavras, de traços, de escolhas, de modos, de condutas e, fundamentalmente, do que não é dito no ambiente em que se constituiu. E é aí que mora o perigo: daquilo que, por alguma razão, não é falado e que fica por se dizer habitando nas entrelinhas do discurso do casal. Por isso mesmo, para além do que é falado ou não para uma criança, há o tom, a modulação da voz, há o desvio do olhar, tudo aquilo que não é explícito quando os pais se dirigem aos filhos. O bebê, a criança, o jovem, capta tudo o que habita as entrelinhas da fala de seus pais: "Minha mãe está me dizendo isso, mas, para além do que ela me diz o que realmente ela quer me dizer?" Está colocada a questão. O que esse jovem captou da mãe? E você, que perdeu seu pai com onze meses de nascida? Pergunte-se: porque justo esse rapaz?

Você quer construir uma família saudável. Sua preocupação é justa, é legítima. Basta olhar para o seu histórico para observarmos quão dura foi a sua vida, o seu passado de desencontros, as suas faltas. Os escombros, dúvidas, descrenças, incertezas, inseguranças financeiras e emocionais, a falta de um pai. O lúgubre clima de um abandono! Não queira preencher essa falta com um "bom" marido. Arrume um homem que possa desejá-la como uma mulher.

Mas você, minha cara, já deu a volta por cima, é uma vencedora. Algo de muito bom a senhora sua mãe passou que permitiu a você trilhar o caminho da lei e das conquistas. Ao mesmo tempo, é aí que você deve estar atenta, pois ao querer fazer o contrário daquilo que se passou com a sua história familiar – você perde o pai muito cedo, filha de uma empregada doméstica, você pode estar buscando o mesmo caminho.

De certa maneira, todos têm preocupações sobre o futuro de um investimento, tanto no plano afetivo quanto no âmbito profissional. Se o que se pretende fazer corresponderá ou não às expectativas, é assim que se vive frente aos projetos futuros. Faz-se o que se pode para que os resultados se aproximem do esperado. Procura-se, ao máximo, minimizar margens de erros. Há que se levar em conta algumas dificuldades. Aprende-se que a vida não é linear, tão pouco é domável, a partir de um simples querer consciente: “quero que dê certo, vou me esforçar para que seja como planejo. Quando me dou conta, já estou seguindo outro caminho, distante daquele que almejei.” Algo dentro da vida psíquica que leva cada um a percorrer caminhos diversos daqueles traçados antecipadamente, o sujeito humano é levado a fazer coisas contra seus próprios projetos, mesmo que se julgue não ser nada daquilo que se deseja para o futuro. A vida não é tão simples, ela requer um pensar maior, com questionamentos verdadeiros, elaborações e retificações das direções a serem seguidas. Ela determina pelas vidas daqueles que carregamos como nossa história, nossas origens, nossos pais, nossos antepassados. Como pagar o preço para não repetir suas faltas, seus erros? É isso aí!

Namoro bipolar

"*Gostaria de escrever pouco, mas minha história é bem longa.*

Conheci um rapaz na internet, eu morava no Rio de Janeiro e ele em Campinas. Eu estava casada na época e ele também.

Ele me falou que o casamento dele estava acabado e nos apaixonamos quase que de imediato. Eu me separei e ele também, saindo de casa alguns meses depois de nossa primeira conversa.

Aí começaram os meus problemas.

Descobri que ele, depois de um tempo de relacionamento, perde o desejo pela parceira, sexualmente falando. Tinha casos virtuais e reais e a escolha dele não passava nunca por um padrão, um critério. Todos nós temos preferências físicas, ele não tem. Podia ser com mulheres velhas, negras, brancas, gordas, magras, intelectualmente deficientes, inteligentes, e com muitas delas ele sentia até vergonha de sair em público.

Imagine um homem saudável de aparência saindo com uma mulher de aspecto sujo, mal vestida, cabelos ensebados. É disso que falo.

Ele, quando casado, teve 2 filhos de casos extraconjugais. Essas crianças não se conhecem e não sabem da existência de irmãos. Todos "filhos únicos". Por dois desses filhos ele não sente amor e nem vontade de estar junto, mas se culpa por isso, e acho que ele faz bem em manter distância para não passar esse problema para as crianças. Sei que as crianças sentem quando estamos com elas por obrigação.

Bem, falando da parte que me toca, muito brevemente descobri que ele me traía e tinha casos antigos, até com pessoas que nunca se encontraria, pela distância e situação financeira. Descobri também que ele é bipolar, numa consulta na qual o convenci a ir comigo em uma de nossas voltas. Ele está medicado e mais calmo, porém, também enfrenta problemas para trabalhar. Não consegue ganhar dinheiro, apesar de ser formado em engenharia. Perde projetos, prazos e clientes. Vive de um trabalhozinho aqui e outro ali, que não supre suas despesas, que são cobertas por sua mãe, uns parentes e ajuda de amigos. Eu inclusive.

Agora, depois de toda luta para estabilizar o humor dele por causa do transtorno, estou na mesma situação que outras mulheres estiveram: ele perdeu o desejo sexual por mim.

Mas diz que me ama e sente saudade, quer estar do meu lado e sou sua amiga, acima de tudo.

O que devo fazer? Sinto-me dependente desse amor e sinto angústia só de pensar em perdê-lo. Sou ciumenta, sentimento esse que não experimentava há mais de 15 anos, e que veio como uma bomba para cima de mim.

Não me importaria de ajudá-lo em seu trabalho, já que sou engenheira também, mas gostaria de estar ao seu lado, ter filhos com ele e viver uma vida o mais próxima do normal possível.

Ele tem os mesmos gostos que eu, nossas conversas são deliciosas, o sexo era considerado perfeito e ele me elogia até hoje dizendo que sou uma mulher 'boa de cama', que me adapto como ninguém. Só que não me adaptei, com ele sempre fui eu mesma, mas sinto o que não senti com nenhum outro homem.

O que quero é aquele olhar de desejo de novo. Sua voracidade comigo. Quero me casar e ser como em Cantares de Salomão: seu jardim de Delícias.

Doutor, o que posso fazer? Ele tem compulsão sexual, mas nesse momento acho que está sem fazer nada. Me disse que tentou se masturbar e não sentiu prazer, ele está tomando Depakote e Fluoxetina.

Creio também que seu passado promíscuo o fez ficar assim. Tudo na vida traz consequências. As dele vieram para ele, para a família dele, para os filhos e para acabar com sua capacidade laborativa.

Me ajude! A terapia pode nos ajudar? O que fazer?

”

Houve um erro nessa sua escolha amorosa. A causa de seu engano não está na internet, mas em você mesma, que foi quem dirigiu essa escolha. Você não está satisfeita, muito pelo contrário, está mal e não sabe como se virar com isto. Essa relação tem conserto?

Você não entrou na bipolaridade desse homem por acaso, inocente, sem nada saber. Alguma coisa que é sua, que lhe concerne, mesmo que desconhecida, fisgou-a em sua escolha que não é qualquer. Você se deixou fisgar na patologia desse rapaz a partir de questões particulares que lhe dizem respeito. O que fazer? Qual a sua participação nesse quadro bipolar? Por onde você navega nas distímicas ondas de euforia e depressão?

Como você pretende lidar com a questão? Você vai simplesmente administrá-la ou pretende partir para uma ruptura, no sentido de uma mudança efetiva em sua vida? Qual caminho você pretende tomar? O fundamental é que você possa separar o que é seu e o que é do outro e tratar desses sintomas dentro de si mesma.

Parece que você está sem saber a dimensão do problema em que se meteu. Vale ressaltar, você não tem a menor ideia do que tem pela frente. O problema maior não é remendar, mas sim, se perguntar como sair dessa relação doentia sem, no entanto, repetir num futuro próximo, o mesmíssimo erro. Sua decisão diz respeito ao futuro de sua vida amorosa e sexual.

É o que irá lhe permitir se questionar sobre suas escolhas amorosas, como as realiza, o que você pretende com elas. Casar? Constituir família? Ou você quer somente pegar a carona de um rompante de onipotência, que se manifesta no esteio de um gozo sofrido, maníaco-depressivo, que vai monitorar uma alternância de humor, que não cessa de se fazer oscilar, da euforia à depressão?

De toda maneira, você vai ver que existe um ponto cego, que se repete em sua vida, onde você se atrapalha, e que te conduz ao erro, ou seja, a repetir fracassos no plano amoroso. Você mesma se faz iludir e é levada ao pior. Mas esse pior pode ser o seu bem, pode ser que você goste mesmo de se machucar. Isso a incomoda, a faz sofrer?

O que é um sujeito que apresenta sintomática bipolar? Veja bem, não se trata de um portador de simples traços de uma bipolaridade, pois isso quase todos nós temos, altos e baixos, alegrias e tristezas, por vezes até mesmo excessivas. Aliás, temos traços de todas as patologias, mas isso é diferente de alguém que apresenta um quadro estruturado, patológico, com seus altos e baixos, depressões e euforias graves.

Portanto, há bipolar e bipolar. Mas há algo mais sério em sua carta, e que diz respeito à doença mental desse homem. O problema maior não é sua síndrome bipolar. Esses quadros, quando o sujeito realmente deseja, são tratáveis, não sem grandes dificuldades. O mais grave está na sintomática perversa que ele apresenta e que, certamente, ele não tem consciência alguma sobre tal tipo de gozo. Posso estar enganado, mas pelo que você diz em sua carta, trata-se de alguém condenado, muito machucado em seu psiquismo.

Realmente, uma psicanálise poderá ajudá-los, mas, cada um na sua particularidade. Seu namorado necessita também de tratamento medicamentoso. Talvez para sempre. Será que ele tem condições de se analisar? Parece que não, pois ele não tem demanda de cura. O sofrimento, em si mesmo, lhe convém. Para que serve uma análise? Quando é que ela funciona em seu exercício de cura?

Mas veja bem, uma análise somente funciona quando alguém se reconhece em seu sofrimento, quando realmente deseja se livrar de seus tormentos, de suas das dores psíquicas, de tudo aquilo que estraçalha o mais íntimo de seu ser, e que o impede de viver uma vida com liberdade. Ou seja, uma análise é para alguém que se reconheça doente, que quer se livrar de seu sofrimento, que se propõe falar de suas questões, íntimas para um especialista, que não é qualquer. É a cura pela palavra sob transferência, ou seja, a partir de um laço muito particular onde essas palavras passam a ter um valor e um peso que antes não possuíam. O sujeito, numa análise, poderá vir a se escutar naquilo que ele diz de seu sintoma, no sentido de uma construção de verdade sobre o desejo, que é particular de cada um.

Você se permite ser boa na sua profissão, o que é bom, ótimo! Mas parece que isso se torna insuportável, pois você tem que pagar caro pelo sucesso, fazendo escolhas amorosas que te levam ao sofrimento, ao fracasso. Você mesma diz: “Quero me casar e ser como em Cantares de Salomão: o seu jardim de Delícias”. Mas então, porque você escolhe justo um inferno em sua vida? Um caminho rumo à rupturas sepulcrais? Aí reside sua questão, ou seja, uma patologia em relação ao seu querer: você não suporta caminhar bem, vive uma bipolaridade em relação ao seu desejo, não é mesmo?

Sua empolgação amorosa está a serviço do erro em suas escolhas. Você se ilude, apaga seu juízo crítico, não pensa, não reflete o necessário, tudo a serviço do erro. Você agiu primeiro, para depois saber da história – diga-se, catastrófica –, desse rapaz. Toda e qualquer escolha amorosa parte de uma referência paterna que trazemos em nossa vida, de um traço inconsciente que se chama pai. Ela permeia um limite que funciona como meio de discernimento, de suporte para o desejo. Pai, aqui, é uma referência de lei, de bom senso. Sua empolgação está submetida a uma forma eufórica de burlar essa referência paterna, e foi isso que a levou a se apaixonar por um homem mentalmente enfermo, perverso em suas escolhas sexuais. Como se não bastasse, ele ainda lhe trai com outras mulheres. Mais ainda, não sente mais desejo sexual por você. O que lhe resta? Cuidar de um enfermo!

Ele já deu todas as evidências de sua incapacidade de construir vínculos, de mantê-los, de ser fiel a eles. Não é estranho você dizer adequar-se a alguém que já te deu todas as provas de que só consegue viver uma vida comprometida numa incapacidade, condenado a viver no limbo, nos arredores de uma descontinuidade afetiva, comprometido até o fundo de seu ser com um gozo narcísico?

Você não disse como era seu casamento: bom, ruim, café com leite? Tudo leva a crer que você trocou seis por meia dúzia ou, na pior das hipóteses, seis por três. A segunda hipótese é a mais viável: seis por três, nada mais que isso! Vamos procurar entender de que se trata sua escolha que, por sinal, foi o exemplo típico de uma *escolha sintomática*. Caldo de galinha e prudência não faz mal a ninguém. Você conheceu sua cara metade pela internet e se apaixonou quase de imediato. É possível que uma relação se sustente quando os parceiros mal se conhecem? Deu no que deu, não é mesmo?

Paixões imediatas são de alto risco, com muitas possibilidades de não darem em nada, pois se trata de um imediatismo que anula um tempo de amadurecimento, uma convivência necessária para que ambos se conheçam. Anulado o tempo de ver, não é possível que se compreenda o que quer que seja, e muito menos que se conclua algo que permita dar um outro rumo senão aquele determinado por aquilo que queremos ignorar em nós mesmos: nosso apego à posição de sofrimento. É isso aí!

Mamãe é alcoolatra

“*Tenho 29 anos e estou em ascensão profissional, conquistando meu espaço conforme desejo e mereço. Sou lutadora e sinto-me vitoriosa. Na verdade, sinto muito orgulho de mim, pois vim de uma família desestruturada psicologica e financeiramente.*

Apesar de acreditar em tudo que faço, tem uma coisa que me deixa muito abalada: o fato de não conseguir manter minha mãe livre da bebida alcoólica, isso me faz sentir um fracasso, parece que todas as minhas tentativas de curá-la são em vão.

Minha mãe hoje tem 46 anos. Sempre foi uma mulher sensacional. Não teve qualquer orientação escolar e trabalhava como faxineira em casas de família. Porém, há 15 anos ela começou a beber gradativamente, primeiro somente nos finais de semana, depois durante a semana à noite, até chegar ao ponto de não conseguir trabalhar de tanto beber. Houve períodos em que ela bebia pelo menos 3 litros de cachaça por dia, quando não tinha bebia perfume, álcool, acetona, enfim, qualquer produto que tivesse álcool. Ficou internada duas vezes em um ano, mas de nada adiantou, ao retornar para casa bebia tanto quanto fazia antes.

Morava ora na casa da minha irmã ora na dos meus avós, no interior. A situação estava tão degradante que estava mentindo e se prostituindo pela bebida.

Para evitar uma tragédia, convidei-a para morar comigo, aqui na capital e, graças aos recursos públicos disponíveis, desde novembro de 2008 ela tem acompanhamento psicológico, psiquiatra, assistente social e de médicos, frequenta grupos de apoio no centro de tratamento e toma remédios para controlar a vontade beber. Hoje ela trabalha em casa de família que sabe do problema e também a ajuda muito. Além disso, fico inteiramente à disposição dela para ampará-la e protegê-la, faço o que estiver ao meu alcance para vê-la feliz e curada.

Mas essa movimentação toda de nada adianta, ela sempre dá um jeito de beber ou toma comprimidos em excesso. Quando questionada sobre o motivo da bebida ou dos remédios, diz que quer morrer. Quando ela faz isso sinto muito ódio e tenho vontade de surrá-la, e, vergonhosamente, nesses momentos preferiria sua morte, assim eu estaria livre do problema, do meu fracasso por não conseguir contê-la.

Meus pais são separados e ela tem um grande ressentimento do meu pai, pois ele batia muito nela, que a traiu com sua irmã, tentou abusar de mim e de minha irmã diversas vezes. Na verdade, acho que o fator preponderante para o vício é o sentimento de culpa, pois na época em que eu tive coragem de contar o fato, ela não tomou atitude nenhuma, continuou com ele, e ele sempre negou tudo. Quando ela bebe, sempre diz que ele a traiu comigo também. Não gosto de falar sobre o assunto, pois me envergonho da situação. Fiz terapia, mudei minha vida, extirpei de mim o sentimento de culpa que tinha.

Como disse no início, estou em ascensão, sou otimista, sinto-me uma pessoa madura e segura de mim. Mas quando minha mãe bebe, não sei como lidar com a situação, nem com meus sentimentos. Não sei se a deixo beber até morrer ou se continuo tentando. Não sei o que fazer. O que o senhor acha que eu posso fazer?

Obrigada. ”

Sua mãe está muito doente. O uso abusivo do álcool é fachada, seu álibi. Você faz tudo para que ela não beba. Sofre por seus próprios pensamentos de ódio diante da frustração frente às recaídas. No meio de tudo emerge uma pergunta: o que fazer com o sentimento verdadeiro de querer que isso acabe?

Trata-se de um caso que está inserido no campo das dependências: sua mãe depende do álcool - um quadro depressivo grave, com traços de uma melancolia sem limites, em seu desejo de morte e destruição -, e, por outro lado, seu receio de filha de romper de vez com a dependência que carrega dentro de si, com o traço doentio da mãe que te habita.

Você terá que aprender – um pouco mais e sem piedade – a introduzir a falta, parar de querer salvar sua mãe e isso você o faz carregando-a dentro de si.

Você é uma filha guerreira, foi à luta, procurou ajuda, mas, mesmo assim, ainda carrega o peso da mãe doente querendo acabar com o sofrimento que a atormenta. Você se culpa por não estar na mesma situação que a dela, mas, ao mesmo tempo, seu tormento psíquico foi a maneira que você encontrou de salvar sua mãe, de carregá-la consigo em seu martírio justo por estar indo bem na vida. Como livrar-se da culpa? Não temos consciência do sentimento de culpa, mas sofremos seus efeitos desastrosos.

Sua mãe vive atordoada nas ranhuras de um escombro que somente a ti diz respeito. Ela inveja o crescimento e o sucesso da filha e por isso quer paralisá-lo. O que fazer com esses sentimentos de ódio em relação à mãe que se sustenta no álcool e pede para morrer?

Não importa do que sua mãe depende, o que importa é o que se repete nela, esse distúrbio que nos amaldiçoa, o indomável de um gozo sintomático: ela bebe cachaça, álcool, perfume, éter, para não morrer.

Você e sua irmã já fizeram de tudo, mas ainda assim os sintomas não cessam. Além dos seus cuidados e de profissionais, há também a medicação, certamente correta, prescrita pelos médicos.

Talvez você tenha que carregar esse peso pelo resto da vida, ou tenha que aprender a lidar melhor com a situação, pois se você mesma não estivesse caminhando, progredindo, certamente esse fardo seria menos cruel. Caso você permanecesse identificada ao fracasso de sua história familiar, certamente seus sofrimentos não seriam tantos. Quanto mais você cresce na vida, mais visível se torna a desgraça que fustiga sua alma. Há um acirramento da culpa.

A compulsão alcoólica dela derruba toda tentativa de ajuda. Por alguma razão a ajuda está insuficiente. Quando alguém apresenta um sintoma é porque pede por uma decifração. No caso dela estaria faltando alguma escuta que pudesse partir de sua fala. Talvez você pudesse dizer à sua mãe que a ama e tem feito o possível para ajudar, mas que ela não está conseguindo deixar o álcool, que não quer ajuda e que você continuará seguindo sua vida.

Você diz que sua mãe começou a beber por sentir-se culpada por não intervir nas investidas incestuosas de seu pai. O encontro de um homem e de uma mulher não é sem o domínio da lei. Há uma lei que sustenta e consolida uma relação que se quer familiar: marido, mulher e filhos. Todos nós estamos submetidos à lei do desejo, portanto, que rege a diferença, o discernimento, o respeito.

Alguma coisa se transmitiu no sentido de desejo, de uma saída do campo da patologia que já estava ali, na relação de seu pai e de sua mãe. Diria que o problema maior e mais devastador de sua família está alocado na figura perversa de seu pai. Alguém que não suportou ocupar o lugar de pai na estrutura familiar, exercendo a função de autoridade paterna, que funciona como eixo e esteio na consolidação de uma estrutura familiar. Por alguma razão ele passou a agir não como um pai, mas como homem, doente, agindo perversa e incestuosamente, tendo relações sexuais com sua tia e tentando ou abusando sexualmente das filhas. Ele não pôde ocupar o lugar de pai e pensou tão somente em seu gozo doente e narcísico.

Uma mãe que bebe porque não quer saber que suas próprias filhas sabem que ela sabe das perversas investidas do homem que não conseguiu ocupar com dignidade o lugar de um pai.

Quanto mais você avançar em sua vida afetiva erótica e profissional maior será sua dor. Também maior será sua divisão em relação ao desejo de morte de sua mãe. Você mesma diz que fez terapia e que esse processo a ajudou. Mas, ainda assim, você guarda dentro de si uma mãe sofrida que a impede de viver livremente. Ainda assim, você se encontra devedora desta mãe e em falta com ela.

O ideal é que você retome sua análise, de preferência com outro analista. Muitas vezes não avançamos mais em nossas análises em função de pontos adormecidos de nossos analistas. Estou dizendo isto porque daqui a dois anos você terá a mesma idade em que a senhora sua mãe adoeceu. Ela começou a beber com trinta e um anos. Você está com vinte e nove.

Você se encontra atrapalhada com sua mãe doente. Mais precisamente, com o que te habita dos traços de uma mãe em compulsão alcoólica. Você cresceu, caminhou e quer mais. Sabe que pode dar mais de si em suas conquistas, mas carrega o peso da mãe que não quer.

Veja pelo seu relato como e de que maneira o distúrbio psíquico apresentado por sua mãe desafia a todos aqueles que se propõem a "curar" alguém. A compulsão alcoólica dela derruba toda tentativa de ajuda.

Uma mãe que não se sustenta e está dependente de alguém. Sua única saída: ou o álcool ou a morte. Dessa maneira, as filhas certamente sofrerão os efeitos desse desejo de morte que tomou conta da vida de sua mãe.

Você e sua irmã já fizeram de tudo, com a ajuda dos médicos, psicólogos e assistentes sociais. Mesmo assim os sintomas não cessam, continuam em seu desafio espetacular, e nada muda. O transtorno compulsivo não se interrompe e nada cessa de se escrever na vida fragilizada de uma mãe. Além dos excessivos cuidados humanos e profissionais, também tivemos a entrada de medicação, e sua mãe continua doente.

Siga em frente, não olhe para trás, não abra mão de seu desejo. É isso aí!

Sexo virtual

“

Sempre tive tendência a viver amores platônicos. Mesmo quando estava casada, eu já tinha algumas fantasias.

Hoje, recém-divorciada, isso se tornou mais intenso. Agora, descobri o sexo virtual, não tão distante de uma relação platônica, já que foge da realidade. Tenho 40 anos, sou uma boa profissional, boa mãe e tenho maturidade em relação a um tanto de coisas.

Mas não me sinto tão à vontade e criativa numa relação pessoal como numa virtual ou platônica.

Será isso psicologicamente saudável? Devo evitá-lo? Será que existe algum bloqueio? Ou devo deixar fluir?

”

Nada é mais difícil de ser delineado do que as coisas que habitam o campo do erotismo, do amor, da sexualidade e do gozo enquanto tal. Isso percorre o mais íntimo de nosso ser e se inscreve como sendo o que há de mais íntimo e particular. E mais ainda, toca de perto os sentimentos que se apresentam quando nos confrontamos com o outro, numa relação com um parceiro.

O que fazer com meu desejo? Como vou conduzir o meu amor? Até onde devo usufruir meu gozo comigo mesma e com meu próximo? Qual é o limiar de uma partilha daquilo que sobrevive latente? Em todo caso, estamos diante de uma coisa muito séria, difícil de lidar, que convoca uma discussão ética, visto tratar-se do mundo das relações. Temos aí emoções gritantes de uma parte do humano que subverte todas as regras, todos os dogmas, todas as ordens de uma moral que são dadas de antemão. Nesse caso, aquilo que já está estabelecido pelas normas de civilização se deixa esburacar, cedendo lugar para prazeres irracionais, muitas vezes irreconhecíveis pelo próprio indivíduo. Eis, portanto, o que temos que tratar.

Ninguém pode falar nada sobre suas escolhas sexuais. Quem pode afirmar sobre o que é o certo ou o que é o errado, dizer o que é melhor para você mesma? Qual poderia ser o seu bem? Somente você pode arriscar a dizer o que realmente deseja: estou agindo conforme meu desejo? Quem o fizer corre o risco de cair nas tênues armadilhas daquilo que se escreveria como *o discurso da canalha*. O discurso da canalha é quando alguém se faz passar por aquele que acredita saber qual é o bem do outro, que diz qual é o teu desejo, o que você deve fazer, ou seja, é quando alguém se apropria de um lugar indevido para ditar os caminhos de um desejo que é irremediavelmente particular. Sempre amputando as contingências próprias da vida de cada um, que permitiria a pergunta: o que realmente você quer? O campo do desejo, isso é da ordem da ética! Uma psicanálise, por exemplo, leva alguém a procurar a verdade de seu desejo, mas, em hipótese alguma, diz o que se deve fazer com esse desejo. Razão pela qual quem disser o que você deve escolher sexualmente poderá estar incorrendo num erro. O indivíduo faz suas opções e arca com o ônus de sua escolha. Ele vai se responsabilizar diante da lei do desejo e da lei do direito, pois essa responsabilidade de escolha faz com que ele corra todos os riscos frente aos da ingerência da lei.

De início, é preciso dizer que a sexualidade está presente em todas as dimensões da vida familiar, social, econômica, política. Ela está presente, portanto, na relação com seus filhos e irá marcar, queira-se ou não, a educação e o futuro deles. Tudo depende da sexualidade, pois ela é estrutura de linguagem, está presente em suas palavras, nas entrelinhas daquilo que é dito ou não, no seu olhar, na sua voz, nos seus comportamentos.

Se o seu gozo sexual é tão somente virtual, porque razão a relação com os filhos seria diferente? Há uma virtualidade que permeia suas relações. Na sua profissão, existe um território inexplorado no qual você mesma não avança. A lógica é irrefutável. O mesmo distanciamento amoroso, sexual, está presente também nas suas relações como mãe, como profissional, como amiga. Nada escapa aos efeitos do inconsciente, pois ele governa a todas as nossas relações. Cada um de nós constrói ao longo de nossas vidas, um caminho particular pelo qual se inscrevem suas escolhas. Pagamos um preço, é lógico. Enfrentamos tropeços e impasses frente às nossas escolhas, responsabilidades, ordenamento de lei. Nesse sentido, o privado funda o público, quer dizer, a vida conjugal funda a vida parental. Vale dizer, o sexual é o que funda o social.

Por alguma razão que você mesma desconhece, a coisa sexual não flui livremente no campo da sexualidade, é algo que a transcende, a ultrapassa, que a impede de se relacionar fora da virtualidade. Diria mesmo que é por não conseguir chegar lá – você carrega um aprisionamento autoerótico em sua vida sexual - numa relação de realidade mais próxima com alguém, é que você se faz refugiar no mundo virtual, *online*. Entende essa lógica, essa inversão lógica que é própria do sofrimento psíquico? Por não conseguir se realizar numa relação, você *se faz* condenar ao refúgio. Há alguma coisa que a impede e que não lhe deixa outra saída senão o casulo da virtualidade. Qual o medo em questão? Somente você, num verdadeiro processo de psicanálise, poderá construir uma elaboração sobre o fator traumático que a levou a necessitar desse refúgio, rumo ao autoerotismo.

Sim, não é tão fácil manter viva uma relação a dois, suportá-la, administrá-la, contornar suas impossibilidades. Cumplicidades. Mais difícil ainda é poder suportar a magistral exuberância de uma relação mais duradoura, frutífera, prenhe de um gozo que não seja de sofrimento. É difícil suportar o sucesso de uma relação amorosa. Estamos mais acostumados aos insucessos, às interrupções, aos desentendimentos. É fácil demais provocar uma separação. Muitos casais não se sustentam e acabam por se separar por um excesso de neurose. Uma dose de fantasias pode dar suporte maior numa relação. Isso não não é ruim. Faz parte da comédia humana. Mas existe, sim, algum bloqueio em sua vida amorosa. Digo mais: esse ponto você não vai conseguir resolver sozinha, vai precisar de uma ajuda profissional. Você escreve bem, tem um bom discurso, precisa somente pontuar essa questão do relacionamento amoroso. Vamos aos psicanalistas para aprender a amar, para aprender a querer aquilo que se deseja. Por que razão você não se sente tão à vontade e criativa numa relação pessoal como numa virtual ou platônica? O fundamental é que você tenha despertado sobre esse seu distanciamento amoroso. E será ótimo que consiga realizar uma boa leitura sobre sua inibição afetiva. O gozo sexual virtual, tão somente virtual, é perigoso demais. Pode ser uma viagem sem volta. Isso porque, na virtualidade de um gozo, você pode tudo e um pouco mais, porque se trata de um gozo sem limites, um gozo sem lei! Ele dá trela às fantasias narcísicas, de sôfregas masturbações, sádicas, masoquistas, que habitam a alma de todos nós, ao custo de um distanciamento patológico da realidade da vida. Há que se dosar, saber entrar e sair, saber até onde ir, saber experimentar esse tipo de gozo que não seja todo. Ele pode se tornar uma droga muito mais forte, muito mais poderosa que a cocaína. Ele pode se tornar um vício hediondo, incurável. O gozo sexual virtual tem por objetivo matar os limites da castração que a lei do pai introduz como o mais saudável dos limites diante da vida em civilização.

A psicanálise demonstra que o gozo sexual, quando fixado numa masturbação, torna-se o gozo do idiota: é um gozo sem outro. Não se trata de uma opção livre como muitas outras, mas de um recurso forçado diante da dificuldade de se relacionar com alguém: *Por não conseguir me relacionar autenticamente com alguém na realidade eu me refugio neste tipo de gozo sem o meu parceiro*. Portanto, acredito que seja uma saída sintomática, não uma escolha, uma opção de desejo; e dessa forma você acabará se distanciando, tanto da relação com o outro sem conseguir mais retornar à realidade de uma vida amorosa. Você precisa fazer esse retorno e aprender a gozar de outra maneira que não seja tão somente a virtual, quer dizer, *gozar um gozo de si mesma*. Diversamente, é importante que esse gozo possa incluir um outro, *de carne e osso*, com tudo o que isso tem de consequências por introduzir, como por exemplo, ter que lidar com os limites e as frustrações por um lado, mas, por outro, implicar também uma dimensão da vida que solitariamente não conseguimos experimentar. Talvez você me ache careta demais. É isso aí!

Sinto-me mais viva na traição

“Construí minha própria armadilha e não estou sabendo como sair dela. Coloquei minha irmã mais nova para morar na minha casa e deu no que deu: ela está de caso com meu marido e agora não sei o que fazer.

Sou casada há seis anos e tenho uma filha de três anos de idade. Há mais ou menos uns dois anos, chamei minha irmã para morar na minha casa, pois ela teria mais oportunidades na capital. Pautei minha vida numa moral rígida, religiosa, sempre fui séria. Gosto de ajudar o próximo, sempre tenho ímpetos de dar uma mãozinha para as pessoas à minha volta. Tinha muita pena de minha irmã, fiz de tudo para acrescentar algo a mais em sua vida. Eu cresci, avancei na vida e ela ficou lá para trás com meu pai e minha mãe, no interior. Queria trazê-la para morar em minha casa e meu marido sempre foi contra. Depois ele aceitou e parece que está gostando demais da sua presença conosco.

O que era suspeita comprovou-se: cheguei mais cedo do trabalho e vi os dois juntos na cama. Esta cena não sai da minha cabeça, num misto de ódio, indignação, mas, também, volúpia. Tenho vergonha e nojo de admitir, mas ela me excita. Depois da gravidez eu estava morta para o meu desejo como mulher. Sou boa mãe, gosto da minha profissão, nestes dois lugares dou tudo de mim. Na vida de casal, com meu marido, faço o dever de casa, papel de esposa.

Depois que descobri o que já suspeitava, passei a me interessar por ele, fazendo uso da cena dos dois juntos. Como pode uma coisa que me causa repugnância e horror ao mesmo tempo me excitar? Descobri que estou mais viva agora do que antes. Como é que fica isso, doutor, é assim mesmo? Obrigada, Dulce Celeste. ”

"Jamais imaginei que a coisa pudesse chegar onde chegou. Eu não queria nada disto, simplesmente quis ajudar minha irmã". Talvez seja esse seu pensamento. Uma maneira inocente e vitimada de pensar a entrada de sua irmã na relação do casal. Você não se vê implicada, participando da cena em questão. Por isso mesmo, você deve estar atordoada frente ao transtorno que causou contra si mesma. Mas o ser humano, minha cara, é realmente isso: uma vida vivida sob o crivo de desencontros, que nos levam a fazer coisas que jamais imaginávamos ser capazes de realizar, e que se vislumbra, na maioria das vezes, como sendo da ordem do absurdo: "como é possível uma coisa dessas, justo minha irmã mais nova, que tanto amo, e que sempre desejei ajudar, é capaz de fazer uma coisa dessa comigo?"

O que realmente importa nessa história? Uma irmã mais nova, do interior, ajudada pela sua irmã mais velha se faz apossar, sexualmente, do cunhado. Que maldade, que ingratidão, diríamos de saída! Veremos que nessa, como em outras histórias, não há lobo sem cordeiro, não se sabe quem usa quem, quem faz uso de quem nesta trama sexual.

Realmente é de se espantar, pois o ser humano é capaz de tudo, de comportamentos loucos e paradoxais que fogem ao que é esperado, àquilo que seria, por exemplo, um gesto de gratidão de alguém que está sendo ajudada. Freud irá nos alertar que o princípio judaico-cristão "amarás teu próximo como a ti mesmo" denota uma cruel impossibilidade do humano que triunfa sobre todas as ilusões. Ele é, em todo caso, impraticável em razão da maldade do próximo. O próximo, mas que estrago, meu Deus! O meu próximo, o que ele quer mesmo é me ridicularizar, me ofender, me caluniar.

Eu pergunto: você está disposta a sair, libertar-se dessa situação? Pois não é que você constituiu uma trama fantasmática que é, ao mesmo tempo, fonte de um forte gozo sexual e de um doloroso embaraço para sua vida? Ou você pretende continuar jogando este jogo que é sério demais, ou seja, um jogo perigoso em que todos saem perdendo de alguma maneira? Os destroços têm um endereço certo: sua filha, sua menina de três aninhos de idade. Ela irá sofrer consequências danosas desse seu ato, fruto de sua fantasia de criança, onde você se faz passar por esta menina-irmã na realização de seus anseios eróticos com a figura do senhor seu pai. Uma cena que nós, psicanalistas, chamamos de cena edípica, que jaz no inconsciente de cada um de nós. Uma coisa é fantasiar, outra, inteiramente distinta, é passar ao ato de realidade. Aqui reside a gravidade da questão.

O fundamental é que você possa se reconhecer novamente como uma mulher, ou seja, que ainda está viva como mulher, na cama, com seu marido. O gozo sexual, que estava adormecido após a gravidez, você o resgatou na relação com seu homem, fazendo uso dessa cena fantasmática. O gozo que estava recluso, proibido, retornou, e você terá que cultivá-lo para que ele não falte na relação do casal. Portanto, agora você se sente mais viva e já não é mais a mulher que se sentia morta para a vida sexual – diga-se, fundamental para todo casal, e mais saudável ainda, para todos os filhos. Que tal descartar essa irmã e se assumir realmente como uma mulher?

O sexo é uma linguagem viva na vida de um casal, ele é necessário e não pode faltar. Filhos adoecem - e aqui, em todos os sentidos das patologias que acometem crianças e adolescentes - quando o casal não faz sexo, quando homem e mulher se escondem sob as vestimentas do pai e da mãe. É incrível, mas é verdade, é constatável! O gozo dos pais, quando não realizados numa relação homem-mulher, migra para os filhos e faz proliferar quebra de laços que fundamentam uma inserção familiar. São as bronquites, faltas de ar, depressões, bulimias e anorexias, dores de cabeça, e por aí vai, numa relação sem fim.

O nascimento de um filho ou de uma filha faz emergir um amortecimento em relação ao sexo do casal. É comum. Trata-se de uma inibição corriqueira que merece de ambos um esforço para transpor a barreira de uma proibição, que pode se tornar avassaladora. Um momento difícil, mas não impossível. Mas isso é passageiro, há que se fazer um esforço, sim, no sentido de reinaugurar o sexo dentro casal, entre homem e mulher, agora também pai e mãe. Aliás, sexo dentro do casamento é algo que deve ser, a cada dia, reinventado. Isso não vem do nada, há um forçamento.

Mas esse resgate de sua vida sexual deu-se à custa da presença física de sua irmã, que serviu de suporte para a fantasia que lhe permitiu alcançar o seu gozo sexual. Há, entretanto, um preço a ser pago, no sentido de retificar sua posição feminina na vida familiar. Você está disposta a assumir uma renúncia? O que você pretende fazer com esse problema? Você armou essa armadilha contra si mesma. Digo mais, ela não veio por acaso, pois existe aí uma razão inconsciente que faz parte da sua história de vida.

Veja se entende o psiquismo humano, veja como ele é engraçado. Não foi porque sua irmã entrou na relação do casal que se estabeleceu essa cena incestuosa que te permitiu alcançar o teu gozo sexual. Não, não foi por isso. Essa cena é anterior, ela já existia desde sempre em sua história, ela mesma funda o fato em si. Sua irmã mais nova não seria você mesma enquanto filha na relação com seu pai? É possível!

Talvez caiba a seguinte pergunta: por que você está necessitando da presença de sua irmã mais nova para retomar sua vida sexual com seu marido? Que uso é esse que você está fazendo para justificar uma proibição que não te permite se assumir como uma mulher frente ao seu homem? Você faz um uso dessa irmã para se permitir, como mãe, gozar enquanto uma mulher. Penso desta maneira, estou exagerando?

Veja como a vida humana é constituída de vieses paradoxais, que fogem totalmente à uma lógica racional, reflexiva, compreensível aos olhos comuns. Nossa vida subjetiva, por onde se encenam nossos fantasmas e vislumbram os impasses do desejo, requer outro tipo de análise, que não é aquele de uma lógica clássica positivista. Justo por isso, você pode se descobrir gozando numa cena "repugnante", que foge de todos os seus valores morais. Dizer que ali, justo ali, onde mais se enoja reconheço-me muito mais como mulher. Aquilo que me causa repugnância é, propriamente, o que me faz gozar mais ardentemente. É possível que se goze na traição? É isso aí!

As vias do amor

“Estou separada há cinco anos. Sou mãe de três filhos. Estive casada durante dez anos. Ele foi o único homem da minha vida. Hoje está casado com outra e com filho. Nunca tive coragem de conhecer outro homem. Parece que quero guardar a imagem de um bom pai para os meus filhos. Sei que existe algum problema em mim, pois dificilmente lembro que eu existo. Meus filhos insistem que devo conhecer alguém, refazer minha vida amorosa, partir para outra. Resisto, tenho medo do que vou encontrar pela frente. Começar tudo de novo? Não sei!

Estou escrevendo para pedir ajuda. Como fazer para encontrar um namorado, alguém para partilhar uma vida comigo? Hoje não é mais como antes, tudo está diferente. Nem sei mais como deixar que um homem chegue perto de mim. Não sei como seduzir alguém. Ou seja, estou perdida.

Conversando com amigas, que também se encontram sozinhas, elas me aconselharam – aliás, já estou aprendendo – a procurar um parceiro pela internet. Venho de uma educação tradicional, tenho medo, não sei o que vou encontrar. Conheci meu marido através de uma prima, me apaixonei e me casei. Minha questão é se essa busca eletrônica, virtual, é segura. Fico mal quando penso em me aproximar de alguém desconhecido, de quem nada sei a respeito de sua vida. Sinto vergonha perante de mim mesma e de meus filhos. Não estou dizendo com isso que quero garantias! ”

O amor está em todos os lugares. Como encontrá-lo, respeitá-lo, usufruí-lo, servir-se dele? O amor é uma figura em que se misturam muitas coisas, que exige respeito, cumplicidade, assentimento.

Como servir ao amor servindo-se dele? Separar o que serve e o que não serve? Mas, antes, e isso não é menos importante, como chegar a ele? Que vias trilhar para que se realize um bom encontro? Eis a questão! Que não é tão simples como se imagina, mas também não é tão difícil.

O que vai ser? Você vai ficar aí guardando o morto? São cinco anos da sua vida! Ou vai à luta e enfrentar os desafios que uma escolha amorosa nos impõe? Seus filhos já não aguentam mais o sufoco, o uso que você vem fazendo deles para suprir uma falta em sua vida melancolizada. Isso é péssimo para você e para eles. Não é ético.

Você precisa se questionar sobre essa posição de vítima que ocupa na vida, com seus filhos, com seu corpo, com seus anseios sexuais. Sexo é vida! Pois afirmo que você está sendo ingrata, usura em relação ao seu desejo, deixando-o sem alimento, sem voz, sem peregrinação.

Qual caminho tomar? O que fazer para que uma relação se inicie? Suas amigas disseram que o caminho é aquele da rede, pelo viés da internet, ou seja, o que está na moda, muito mais fácil. Mas, de todo modo, é um mundo desconhecido em que se pode encontrar de tudo e mais um pouco.

E então? Como foi que você conheceu seu ex-marido, o pai de seus filhos? Você certamente achava-se segura de si e ficou na mão, com seus três filhos para criar. Por isso mesmo encontra-se reticente, está com medo do desconhecido e quer, sim, garantias. Contudo, o amor é assim: surpresas, riscos. O amor promove insegurança. Isso é bacana, nos coloca questões.

Mas a internet não precisa ser o único modo. As regras, sempre antecipadas, não levam a nada. Sim, junto da internet existem outros rumos, outros meios para você conhecer alguém, descobrir sua cara metade, construir uma relação de amor, se deixar ver e ser vista, entrar no campo do olhar, fazer parte: olhar um olhar! O fundamental é que você saiba realmente o que quer, o que deseja, e que saiba o que está fazendo. Você terá, certamente, algumas decepções pelo caminho. Mas o que importa é que possa aprender com os fracassos para que possa insistir de maneira diferente.

A internet é uma novidade que veio para ficar. Ela é um meio que viabiliza um encontro como algo mais abrangente, é uma marca dos tempos atuais. Um tempo que quebra, momentaneamente, as inibições de um postulante. O navegante pode dar um passo a mais e pagar para ver. A rede virtual traz para perto aquilo que é de uma amplitude incomensurável. De que maneira fazer disso um bom uso transformando o virtual numa boa realidade, num tempo diverso, versátil e rápido?

Até pouco tempo atrás, quando não existia a internet, o primeiro encontro realizava-se através de uma aproximação pessoal, de uma apresentação, de um conhecer-se, e por aí vai! Havia o olhar, os primeiros diálogos e tantas outras coisas. A pele, ah! Aquela coisa de pele que sentimos, aquela química, isso queria dizer alguma coisa. Alguns dados do rapaz, da moça, sua história, sua origem, o que interessava para se conhecer uma cara metade. Um traço, nem que fosse a voz! Num recinto, de festas ou não, alguém apresentava um ao outro e... Sem contar o padrão socioeconômico, é lógico. Mas isto tudo nos dava garantias? Sim e não.

De todo modo, o desejo de escolha de alguma maneira estava ali, explícito ou não, colocado à mesa: o que vai ser? O encontro era, então, condicionado pela apresentação: um olhava o outro. Mas quem olhava, de dentro de mim, nessa ou naquela escolha amorosa? Os pretendentes se conheciam, algo batia ou não, continuavam se encontrando ou nada feito. Tudo, mas tudo mesmo, dependendo da subjetividade, da cabeça, das referências históricas de cada um, do futuro de possíveis amantes. Quantos encontros, quantos desencontros!

Erros nas escolhas sempre existiram. Como também acertos. Garantias? Difícil, cada vez mais difícil. Certezas? Muito difícil! Como prever, se cada um está envolvido emocionalmente a partir de um si mesmo? Sim, é possível que haja uma diminuição da margem de erro. Para isso pensamos, refletimos, analisamos nossos anseios frente ao outro.

No caminho de uma escolha, são vários os fatores que entram em jogo até que se bata o martelo: é isso aí, fechado, você é meu, eu sou tua! Sexo, importantíssimo! Semelhanças de posição socioeconômica, importantíssimo! Sintomas – por exemplo, pessoas que escolhem a partir de uma posição subjetiva marcada pela carência, de vítima, sádica, masoquista, penalização do outro, humildade excessiva –, importantíssimo! Portanto, são as variáveis de pólos que estabelecem os móbeis de um encontro amoroso.

Por que o medo do caminho virtual se você mesma passou por uma experiência tradicional, escolhendo alguém que acabou indo embora? Você escolheu um homem para ser o pai de seus três filhos, mas alguma coisa não funcionou entre vocês enquanto homem e mulher. Parece que a bela adormecida despertou e agora a corda vai roer. O que vai ser? O que realmente você deseja? Faça bom uso dessa sua experiência fracassada, aprenda a se fazer ensinar por ela, retire algo de bom e siga em frente.

A web hoje é um caminho novo. Ela abre portas para todos os tipos de encontros virtuais que poderão, ou não, se tornar uma realidade. É verdade, ela é uma excelente abertura, uma inovação que ainda vai mais longe. Temos uma modernidade à flor da pele: encurtamento de tempo e distância criando condições de alcance maior, inclusive de surpresas, de riscos. Resta saber como fazer bem a coisa. Como administrar aquilo que se deseja? Você, e somente você, deverá monitorar a rede. Tudo irá depender de sua vitalidade psíquica.

Não devemos julgar os encontros que se processam via internet. Há, sim, preconceitos. São as invasões bárbaras que passam a habitar o cerne de nossa então vida pública e privada. O preconceito já não tem mais forças para impedi-las. Ele está cedendo, afrouxando suas penas e suas sanções. Os encontros que daí decorrem estão cada vez mais sofisticados, e eles próprios clamam por uma diminuição da margem de erro. Por isso mesmo existem câmeras que permitem que se veja melhor as coisas. Como em outros tipos de encontros, há erros e acertos.

Mas quem comanda a rede? Quem a monitora? Quem dará as cartas? É você, minha cara. Nada de vitimar-se, insista. Uma, duas, quantas vezes for necessário. Tenho amigos que estão casados depois de muitos encontros a partir da internet. O importante é que você dirá o que serve ou não serve. Você dirá o que quer ou não. Você irá fazer valer a lei. LEI! Toda rede virtual é operada não sem um sujeito em seus ideais, seus sintomas, sua subjetividade. O mesmo se dá nas outras formas de encontros. Suas malícias, suas "inocências", suas disposições de discernimento. Desconfie, use o bom-senso, seja exigente. Saiba lidar com o tempo. Em todos os balcões existem mercadorias boas e ruins, caras e baratas. Saiba, portanto, escolher. Nada na vida vem de graça. Nada que é bom, vem barato, rápido. Boas escolhas sempre custam muito caro e podem levar tempo. É isso aí!

Professora perdida na puberdade

“ *Caro Dr. José Nazar,*

Sou professora e tenho longa experiência de ensino com crianças que estão se tornando adolescentes. Durante muitos anos eu me sentia conduzindo as matérias com muita propriedade e firmeza. Parece-me que tanto as crianças quanto os adolescentes são transparentes, consigo chegar mais perto para ensiná-los a aprender e a estudar.

O problema é que hoje não me sinto bem lecionando para alunos que estão na puberdade. Não sei por que me sinto insegura. Muitas vezes me vejo acuada e com medo, e só me resta reagir com muita irritação e autoritarismo. Não sei o que isso tem a ver comigo particularmente, com a minha história familiar, mas está me atrapalhando, pois me torno antipática com os alunos e seus pais.

Minha entrada na adolescência não foi nada fácil. Nessa época, meu pai estava indo super bem e caiu na falência. Voltou a beber e a família se desmantelou. Minha mãe, sempre uma vítima, caiu em um profundo estado de depressão e nunca mais se recuperou. Meu único irmão homem começou a usar drogas. O silêncio tomou conta da casa e de todos nós. Tive que cuidar de minhas duas irmãs mais novas. Meu pai, antes um herói, tornou-se uma pessoa frágil. Fomos morar na casa dos meus avós. Eu e minhas irmãs encontramos nos estudos uma boa saída. Meu pai sempre lia muito. Por outro lado, parece que toda essa dificuldade familiar se deslocou para alguns pontos da minha vida como, por exemplo, sexual.

Quanto à questão escolar, eu já me perguntei muito. Conversei com coordenadores, discuti o assunto com psicólogos, com outros colegas, professores e professoras e não obtive respostas. Disseram que era besteira da minha cabeça, que sempre fui boa professora. Ou eu estou doente ou eles são cegos e surdos. Continuo estagnada. Essa idade me persegue. Professora perdida na puberdade – é lógico, dos meus alunos. ”

Ao ministrar aulas para esses alunos, você se vê sendo ultrapassada por um emocional que atualiza a cena fantasmática de uma menina odienta e ressentida daquilo do que se sentiu roubada, quando se preparava para entrar na adolescência.

A professora que apresenta dificuldades com alunos que estão na puberdade está querendo dizer de uma dificuldade que lhe é particular frente à sua própria puberdade: aquilo que foi amargamente esquecido do seu mundo simbólico é deslocado sintomaticamente para seus alunos. Uma puberdade abandonada, tripudiada por questões patológicas desses pais.

O sujeito que rege as ações de nossos dias não é o indivíduo, ele não é esse ser unitário e indivisível, ao qual estamos acostumados a viver nosso cotidiano, mas o coeficiente estrutural de uma história que dá as diretrizes do campo que designa o emaranhado dos desejos de alguém. Muitas vezes, não temos controle de nossas ações e nossos atos. Nesse ponto, onde você se perde na puberdade – e, portanto, fracassa naquilo que melhor sabe fazer – você, sem saber, está salvando um traço do seu pai falido. Nesse sentido, cabe perguntar: de que lugar da sua história você ensina ao ensinar para esses alunos frente aos quais rivaliza e inveja?

Ninguém escapa aos efeitos do inconsciente: todos os nossos gestos, nossas escolhas e paixões, tratam-se de uma ordem enunciada a partir de uma historicidade do inconsciente. Por isso, todos os nossos atos são constituídos e demarcados pelo inconsciente, tanto em nossos erros quanto em nossos sucessos. Até mesmo nas doenças provocadas. O inconsciente faz liame social. Ele carrega em sua essência o laço social que funda uma política singular de cada um, demarcada por uma sintomática.

Normalmente falamos muito mais de crianças e de adolescentes, das suas particularidades e de uma especificidade de abordagem no mundo das relações. O mesmo não acontece com aqueles que vivem no meio, que não são nem uma coisa nem outra. Os meninos e as meninas que se encontram no período da puberdade, apresentam um comportamento excessivamente enigmático, um momento de transição que é complexo demais, mas que pode apresentar boas mudanças com muita rapidez.

Os sentimentos perturbados que você experimenta com seus alunos devem ser considerados como algo muito saudável. Você tem um material rico para ser analisado, junto a um psicanalista. O que você sofre ao enfrentar alunos dessa faixa etária torna-se signo de uma sensibilidade exemplar, como alguma coisa que pode se tornar fértil em sua vida, podendo proporcionar um enriquecimento em seu cotidiano profissional, afetivo e erótico.

Porque é que outros professores não dão importância às suas queixas? Partimos da suposição que todo e qualquer professor apresenta dificuldades, que são particulares a cada um, brotando todas as vezes que se defronta com alunos que estão adolescendo. O problema é que eles recalcam, recusando-se a refletir sobre os mesmos e preferindo, passar como se nada estivesse acontecendo.

Tanto meninos quanto meninas, no despertar de um corpo em seu porvir sexual, despertam incômodos por onde se exacerbam todas as fantasias possíveis, fundamentalmente as sexuais. Também nos pais e nas mães. Sempre que um filho está adolescendo, há uma mudança sintomática na conduta dos pais. Eles se afastam, tornam-se mais rígidos, ficam sem jeito frente à exuberância de um corpo evidenciando uma sexualidade nascente. Muitos ficam grosseiros nos toques e nos abraços. Já não existe mais aquela "boa" intimidade. As fantasias sexuais estão presentes tanto nos pais quanto nos filhos.

O futuro de cada um de nós depende do desejo que está na origem da estrutura de uma família. A leitura que cada um fará daquilo que teria sido frente ao desejo de seus pais, permite a fundação de uma verdadeira transmissão. O elemento traumático na sua família é a incessante recusa de um amadurecimento. Há uma paralisia gozosa na posição subjetiva de dependência. O sujeito pensa: "Que lugar eu ocupo para o desejo de meus pais? Permaneci amputada dos graciosos traços de meu pai e de minha mãe, na constituição de minha sexualidade".

Portanto, a família é a base nascente dos fundamentos dos traços particulares de cada um no enfrentamento de uma vida que não é fácil para ninguém. O encaminhamento da vida em suas escolhas amorosas e profissionais nasce dessa célula elementar: de um encontro de discursos e de desejos entre um homem e uma mulher, condicionando uma excepcional perspectiva de se tornarem, ou não, pai e mãe.

O encontro de um homem com uma mulher será vital em seu verdadeiro endereçamento sexual, pois é daí que se constrói o *desejo de criança*, como uma ocorrência primordial do desejo do casal. O *desejo de criança* somente será legítimo se o encontro de um homem com uma mulher não se ater apenas na banalidade da sexualidade como mera distonia de um ato sexual. Um filho nasce de um autêntico turbilhão de desejos e de discursos onde somente os bons amantes têm capacidade de criar.

O futuro vai depender de um encontro consigo mesma naquilo que se perdeu. Você irá colocar "sua" menina para falar do ódio que está recalcado. O desejo de seu pai sucumbiu frente ao seu tornar-se menina. Você terá que inventar com suas próprias palavras: por quê o desejo desse pai se retraiu, por que ele voltou a beber? Por quê este pai não conseguiu sustentar o desejo dessa primeira filha? Você tem um caminho que pode ser lindo, se você construir e testemunhar quão linda foi essa criança que você carrega, e quão poderia ter sido linda a púbere que a atrapalha no seu trabalho e na vida sexual. É isso aí.

Vício é doença

“*O sofrimento é meu, mas o problema é de meu marido, o que não deixa de afetar todos na família. Ele parece não estar nem aí para suas loucuras. Porém, se estou casada com ele é porque também faço parte do que estou me queixando. Aprendi isso lendo e me questionando. Não é assim que o senhor trata as coisas?*

Estou casada há treze anos e temos três filhos. Dou importância à família e ao futuro deles. Minha questão – sinto vergonha de dizer – é que o meu marido não consegue guardar dinheiro. Ele ganha bem, mas não consegue fazer patrimônio, nem pensar no futuro. Isso ainda me corrói por dentro, me abate. Sinto-me sem forças, estou perdida, e não tenho conseguido mudar o rumo das coisas. Brigo e de nada adianta. Ele diz que eu quero tirar dele o único prazer que ele tem na vida.

Sinto que meu marido não fala a verdade quando o assunto é dinheiro. Ele tem sua turma do pôquer. Joga duas vezes por semana. É um vício compulsivo. Jogo pesado. Comprou um carro muito bom, depois disse que estava vendendo para aplicar em imóveis. Quando fui ver, não era nada disso! O carro está nas mãos de um parceiro de jogo, ou seja, ele o perdeu na jogatina. Seu pai perdeu fortuna na mesa de jogo, dinheiro e propriedades na região mais nobre da cidade. Está no sangue, é um mal que vem de sua família.

Chego a pensar que ele é um perdedor, sonha alto demais e acaba perdendo. Isso me arrepia. Meus filhos já estão percebendo alguma coisa. Eles falam sobre o assunto de maneira enviesada. Vejo preocupação em seus olhos. A tristeza está na cara, nas notas escolares. Isso é doença, doutor?

”

Um escorpião corria desesperado. O fogo se alastrava pela floresta perseguindo-o. Chegou ao fim da linha, pois logo à sua frente havia um lago. Encurralado entre o fogo e a água, pensou em suicidar-se quando viu um sapo se preparando para pular no lago. Gritou para o amigo pedindo ajuda, mas num primeiro momento foi recusado pelo sapo, que estava com medo dele. O escorpião retrucou dizendo que nada de mal lhe faria pois, se ficasse, morreria queimado, se pulasse na água, morreria afogado. O sapo era sua salvação. Este, convencido, inclinou-se e o escorpião subiu em suas costas. Em seguida, confiante, pulou no rio. Mas... No meio da travessia, o escorpião picou o sapo.

O sapo, sentindo a ação do veneno, perguntou ao escorpião por que fizera aquilo, se ele também morreria. O escorpião simplesmente respondeu que não podia trair sua natureza.

O que você pode fazer para resgatar seu marido da mesa de jogo? Não é uma tarefa fácil, mesmo porque não se trata somente do jogo de cartas propriamente dito, mas de algo que o transcende, muito além do ritual do jogo em si: trata-se de alguém que porta o espírito de jogador. Seu marido joga cartas, sim, mas ele joga também na relação amorosa, nas emoções com a família, na profissão. Ele joga na vida. Sua relação com o mundo constituiu-se dessa maneira. De todo modo, o jogo é a proteção encontrada por ele para se refugiar da dura realidade da vida.

Mas, como você mesma diz, há uma participação sua na jogada. O fato é comum também com esposas de alcoólatras. Há um desejo que, inconsciente, funciona como uma cumplicidade. São os desejos contrariados. Por isso você demorou tanto para se incomodar, precisou manter este marido jogando cartas, perdido no jogo. Você vai suportar ver seu marido fora da mesa de jogo? É um preço caro a ser pago.

A metáfora do escorpião ilustra bem do que se trata em todo e qualquer movimento impulsivo, louco, ou seja, uma determinação insana que alimenta um vício em sua força paradoxal. A diferença coloca-se no fato de que o humano é um ser que pensa, portanto, tem instrumentos adequados para lidar com as suas questões, seus sofrimentos, tendo, assim, possibilidades de promover mudanças significativas em sua vida conturbada.

O que leva alguém a se tornar viciado em jogo de cartas? Esse vício é diferente de tantos outros, como, por exemplo, o da bebida, das drogas, de sexo, cigarros, alimentos? Vício é vício. Mas existe uma diversidade em suas formas, e cada indivíduo lida de maneira particular com o seu. Não há uma uniformização. Cada um é um na sua relação de dependência, em seu vício.

O problema maior de seu marido é uma necessidade imperativa de perder. Ele *se faz* perder. Não lhe interessa ganhar no jogo, não tem graça, isso não lhe causa gozo algum. Perder sim, esse é seu barato, sua essência, sua verdade.

Vício é a dependência extrema de alguma coisa. É sintoma grave que faz doer, pois machuca forte a todos que estão à sua volta. É um sofrimento psíquico que se caracteriza por uma violência incomum, insolente, pois é o que comanda o indivíduo a frequentar emoções desencontradas, totalmente arredias à lógica comum. São emoções truncadas, desconexas, patológicas e, pior, sempre repetitivas. Para o viciado é imperativo que seja somente daquela maneira. O viciado é aquele que caminha por uma via exclusiva, única, de errância, de necessidade de perdas não elaboradas.

Portanto, os vícios na vida cotidiana são repetições das emoções doentes, emoções enfermas, emoções que habitam os obscuros escombros de nossa vida de infância. Mas de onde vem essa força incongruente que impulsiona o viciado a repetir o mesmo fato, mais uma vez?

O agir compulsivo presente no vício é uma resposta ética que o indivíduo constrói como meio de sobrevivência frente a um trauma sofrido na primeira infância. Trata-se de algo único. Não existem duas formas de vício que se igualem. São maneiras distintas de se lidar com o mesmo objeto. O vício, então, é uma resposta sintomática, surge como meio de sobrevivência frente a uma perda não elaborada, uma resposta frente a um desamparo radical incrustado por um trauma na constituição familiar. Trata-se de um luto não realizado.

Toda e qualquer criança é sensível a traumas em sua origem, a perdas e acidentes que os próprios pais não puderam suportar, sobre os quais não puderam pensar, refletir e falar com clareza sobre o que se perdeu ali. E é então a criança quem vai pagar caro por essa recusa, por exemplo, jogando. A base de um vício é a resultante de uma emoção que restou por ali, nos desvãos da historicidade familiar, uma emoção abortada de significação, órfã de palavras, de diálogo aberto e, por isso mesmo, necessita viver às escondidas e constantemente transmutada em impulsão agressiva, compulsão ao vício. São emoções que permanecem crianças porque não puderam ser ditas e escutadas, ou, de alguma maneira, acolhidas pelos pais, pelo seio da família com as palavras devidas.

O jogo, nessa perspectiva, é a linguagem encontrada como única saída no sentido de pedido de socorro: criança embaralhada, maculada nos golpes indeléveis do carteado sobre a mesa, perdida entre as cartas à deriva, mescladas nos avatares da sorte e do azar. Suas emoções, esparramadas, partidas em pedaços desconexos somente aí encontrarão algum amparo, alguma conexão: na infinita repetição do jogo.

O sintoma aparente, manifesto, então, de seu marido, é uma compulsão ao jogo de cartas. Mas, certamente, a causa, a razão verdadeira de seu sofrimento está na *perda*, no gozo que ele, mesmo sem o saber, encontra nessa perda. Ele perde o dinheiro no jogo para se proteger da impossibilidade da perda interna de um objeto inelutável; aquele em relação ao qual a geração anterior manteve o silêncio, a impossibilidade de uma separação. Tal objeto lhe causa dor, é um corpo estranhamente familiar que lhe dói muito, mais que a perda material.

A impulsão que leva alguém a se danar neste ou naquele panorama de uma mesa de jogo, subverte todas as normas da lei, seja da vida íntima, privada, quanto da vida pública, social. Portanto, não há dúvida alguma: seu marido está doente, está mentalmente enfermo e necessita de tratamento. Mas você também está envolvida nessa história e necessita de ajuda. Qual a sua participação na trama? Por que deixou passar tantos anos? Todo cônjuge de alguém viciado, de alguma maneira, necessita manter acesa a chama do vício. Há, em todo caso, uma participação silenciosa, inconsciente. Você mesma deve se questionar, sim, qual é a sua participação nessa jogada. Às vezes, comemos, bebemos, compramos... jogamos, com a boca, ou as mãos do outro.

Seu marido é levado a fazer coisas das quais nada sabe, contra ele próprio. É uma maneira grotesca de *se fazer* mal e a todos àqueles que o amam. O viciado é um ser corrupto por essência, pois corrompe todos os vínculos, os elos, os liames sociais, os pactos. Ele só faz denegrir os laços afetivos, porque ele mesmo vive na quebra.

O viciado mortifica e se mortifica. Frente a todos os seus entes queridos, ele busca um reconhecimento: o de ser querido e amado na posição de perda, de coitado, de depauperado, de humilhado, de comiserado. Trata-se de buscar ser reconhecido e amado numa posição de fracasso. Mesmo contra seu querer consciente, suas convicções, suas certezas, sua moral, sua educação, sua religião, suas virtudes. Ele transgride para gozar na desgraça de uma perda. Ele goza na cumplicidade de um olhar onde se vê sendo visto como coitado. Esse olhar já está presente no espírito de seus filhos.

Trata-se de um quadro clínico que não é tão fácil de tratar, pois ele nem mesmo se acredita, ou se reconhece, em seu sofrimento emocional. A ele não interessa ganhar, porque o jogo serve – e muitíssimo bem – de substituição a uma cena de enorme sofrimento. Na perda, ele atualiza uma cena fantasmática da sua infância: não está ali enquanto um sujeito que pensa, mas sim como objeto. Ele é essa criança que não quer perder algo de seu mundo interno e necessita se pautar na vida a partir de uma grande ilusão: sonhar alto demais. É isso aí!

Sexo e feminilidade

Eu e meu marido estamos escrevendo para colocar a seguinte questão, que está causando uma discordância em nosso ponto de vista sobre a educação de nossos filhos: qual a idade mais adequada para que uma jovem inicie sua vida sexual? Quando os pais devem permitir que uma filha inicie sua vida sexual?

Com nosso filho não tivemos este problema. Ele iniciou sua vida sexual com quatorze anos, e não conversou nada conosco. Nossa filha tem quinze anos e está namorando um rapaz de dezessete anos. O namoro está ficando mais sério, ela é virgem e conversa as coisas mais abertamente em família. Num desses dias ela nos procurou para conversar, argumentando que suas amigas já fazem sexo com namorados. Ficamos mudos, sem saber bem o que dizer. Qual é a idade apropriada? Um casal preocupado.

A pergunta sobre a iniciação sexual dos filhos interroga a sexualidade dos pais. Talvez por isso seja tão frequente o silêncio em torno dessa questão: como lidar com o enigma do sexo a cada momento da vida? Esse silêncio denuncia a falta de atenção em relação à própria história da sexualidade de cada um dos pais, quando se viram diante da necessidade de dar o passo em direção a uma vida erótica compartilhada.

Poucos são os pais que se questionam sobre tal acontecimento, que é tão importante na determinação do futuro de suas vidas e na construção de novas gerações.

Antes de tudo, há um fato interessante que merece ser ressaltado. Quando se trata de filho homem, parece não haver preocupação alguma quanto à idade, se é cedo demais ou não, os pais logo se rejubilam quando ele inicia sua vida sexual. Eles se preocupam, sim, quando existe uma demora, um entardecer longo demais, pois logo vem a fantasia se o filho é macho, se é gay, e por aí vai. Todos nós, com poucas exceções, somos machistas. O que é cedo demais para uma filha, pode ser interpretado de outra maneira em relação a um filho homem. Quanto antes melhor, nos acalma, retira uma angústia que habita o casal. Ufa! Mas, e nossas filhas? Como lidamos com esse fato inaugural?

Pois não se trata do início em si mesmo, ou seja, das primeiras relações sexuais do menino ou da menina, mas, de um contexto de consequências futuras, daquilo que advém a partir dessa tomada de decisão. O futuro de um homem, de uma mulher. O futuro como pai, como mãe. Tudo passa pelo viés de uma sexualidade a ser trilhada, a ser construída, respeitada. Liberta desta ou daquela amarra, seja de cunho ideológico ou religioso.

Portanto, a sexualidade deve ser tratada liberta de uma moral por vezes obscena e cruel, que incide como uma demoníaca repressão pelo resto da vida.

A partir de que idade uma menina deve iniciar sua vida sexual? Tudo mudou, vivemos um mundo de prematuridades. Qual seria a melhor idade, existe um momento ideal? Com certeza não antes de uma adolescência já estruturada a partir de uma posição responsável. Portanto, uma idade não cronológica, mas lógica, em que a jovem possa pensar e refletir, saber realmente o que está fazendo, já que se trata de uma abertura que é fundamental para o campo do desejo. Esse acontecimento depende de várias nuances que são particulares a cada menina em seu contexto familiar, social e econômico.

Pois para uma menina tornar-se mulher, a coisa sempre é mais delicada: é cercada de cuidados e de orientações. Sim, porque não! Há preconceitos, censuras em relação ao sexo feminino. O que conta é que vocês, pais, estejam abertos ao diálogo, para que a palavra possa circular sem pudor ou constrangimento, e que essa filha fale sobre suas emoções, seus receios, medos, presentes nesse momento tão importante em sua vida. A palavra é a sexualidade por excelência. É ela quem passa a essência mesma do sexual, suas intimidades, suas travessuras, suas vacilações. As palavras bendizem o sexual!

A decisão de iniciar uma vida sexual, a filha de vocês já tomou. Ela não quer o seu aval como pais para iniciar esse novo caminho, o qual determinará a direção de seu desejo e de seu gozo. O passo já foi dado. Seu desejo veio forte e está fervilhando à boca da cena. Certamente ela está comunicando a vocês que há, dentro de casa, outra mulher que não sua mãe. Pode ela exercer e praticar o sexo livre de cobranças? Eis a questão! Sexo sem reprodução, como uma maneira de gozar livremente sua juventude, sem ceder às obscenas exigências religiosas?

É aí que reside o ponto de uma riqueza maior, no diálogo entre vocês e sua filha, a saber, fazê-la acreditar que sexo é coisa boa, saudável! Vocês, os pais dessa menina se tornando mulher, devem passar para ela que sexo é fundamental na vida de todos, nas relações, e que ela deve assumir sua sexualidade sem culpa. Conversar, falar livremente, educá-la nesse sentido. Fazê-la responsabilizar-se pelo ato de seu desejo e de seu gozo. Dentre tantos cuidados necessários, ela se fará acompanhar de cuidados médicos. Uma sexualidade, quando vivida com culpa e proibições leva, fatalmente, a erros: nas escolhas amorosas, nas gravidezes indesejadas, nas produções de patologias psíquicas. É isso aí!

José Nazar *é Médico Psiquiatra e Psicanalista. Especialização e Mestrado (Universidade do Brasil – UFRJ). Psicanalista Membro da Escola Lacaniana de Psicanálise Brasília, Rio de Janeiro e Vitória. Membro da Associação Brasileira de Psiquiatria e Associação Psiquiátrica do Espírito Santo. Membro da Associação Médica do Espírito Santo (AMES). Editor Chefe da Companhia de Freud Editora. Autor do livro: Amor de Mãe*

e-mail: doutorjosenazar@gmail.com

Este livro foi impresso nas oficinas gráficas da Editora Vozes Ltda.,
Rua Frei Luís, 100 – Petrópolis, RJ.